THE
SAMURAI

武士传奇
菊与刀的世界

［英］斯蒂芬·特恩布尔（Stephen Turnbull）◎著
夏国祥 ◎译

ZHEJIANG UNIVERSITY PRESS
浙江大学出版社

图书在版编目（CIP）数据

武士传奇：菊与刀的世界/（英）斯蒂芬·特恩布尔（Stephen Turnbull）著；夏国祥译. —杭州：浙江大学出版社，2019.10

书名原文：THE SAMURAI

ISBN 978-7-308-19105-0

Ⅰ.①武… Ⅱ.①斯… ②夏… Ⅲ.①武士—历史—日本 Ⅳ.①K313.03

中国版本图书馆CIP数据核字（2019）第078780号

浙江省版权局著作权合同登记图字：11-2018-01759号

武士传奇：菊与刀的世界

［英］斯蒂芬·特恩布尔　著　夏国祥　译

责任编辑	罗人智
文字编辑	闻晓虹
责任校对	杨利军　程曼漫
出版发行	浙江大学出版社
	（杭州市天目山路148号　邮政编码310007）
	（网址：http://www.zjupress.com）
排　　版	西风文化工作室
印　　刷	浙江印刷集团有限公司
开　　本	880mm×1230mm　1/32
印　　张	9
字　　数	160千
版 印 次	2019年10月第1版　2019年10月第1次印刷
书　　号	ISBN 978-7-308-19105-0
定　　价	62.00元

CONTENTS 目录

目录

CONTENTS

CONTENTS 目录

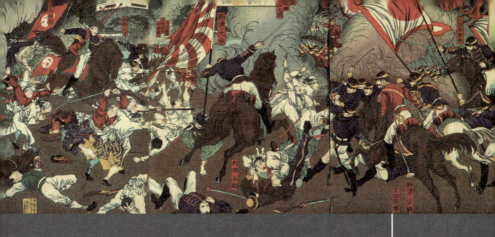

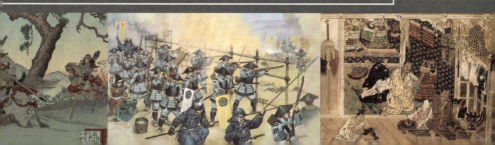

尽管《平家物语》（讲述源氏和平氏武士家族之间的战争故事）中特别描写了很多武士的个人英雄主义事迹和单打独斗场面，但实际上，源平战争时代的制胜方法是纵火焚烧敌军的建筑，然后在敌军跑出来时发动攻击。

绪　论
INTRODUCTION

日本武士是日本古代的传奇战士。他们重视名节，崇尚忠义，过着一种高贵而充满暴力的生活。在现代人的想象中，他们是一些腰间插着可怕的武士刀、恪守武士道的武士。众所周知，所谓的武士道是日本武士的一种行为准则。不过，武功只是这些具有标志性符号的战士的生活的一个侧面。这本书超越了纯粹军事的领域，探索了日本武士生活的方方面面，引领我们检视了他们的家庭生活、信仰，以及所处的社会历史文化背景和这种文化所达到的高度。本书勾勒了日本武士阶层从诞生之初到19世纪被废除期间的这段历史的大体轮廓。本书也是一部涵盖了从武士刀到盔甲、从发髻到头冠等细节内容的日本武士简史。

武士的祖先

古代日本由几个互相征战的氏族统治，首次成功的统一出现在公元400年。这个氏族在历史上已知的称号是

"大和"，在日本历史中地位重大，因为大和氏族的统治者是日本天皇家族的祖先。

对于大和国的权力交接情况，我们现代人知之甚少——尽管考古学目前已经发掘出很多当时的历史遗迹。作为一系列创世神话的一部分，有一些内容极其丰富多彩的传奇故事，描述了天皇家族的世系起源。不过，这些创世神话都是天皇制度已经非常稳固的时代的产物。这些传奇故事见于成书于712年的《古事记》（记载古代历史事件）和720年的《日本书纪》（日本古代编年史）。有关古代氏族战争或其中一个氏族如何统一其他部落的情形，这些神话和英雄传说不能为我们提供任何信息。其中最著名的神话，提及天照大神派天孙下界治理"苇原中国"（日本国），创立了天皇家族。日本天皇的权力"万世一系"，一直维系到20世纪。要理解这种现象，了解这一神话是非常重要的。

大和统治者的统治遭遇了很多敌对氏族的挑战。这些挑战最终并未成功。7世纪，天皇家族开始拥有足够的信心，在日本实施影响深远的变法。始于646年的大化改新制定了一系列野心勃勃的律令，试图剥夺现有残存氏族所拥有的特权，让全日本都服从天皇。改革的当务之急之一是为日本营建一个可以长治久安的都城。这项工程在710年开始于奈良，历经一系列错误，但最终获得了成

这幅画描绘的是发生于11世纪的"后三年合战"中的一个武士的形象。请注意武士所穿的熊掌靴以及用于携带多余弓弦的木轴。

功。在此前两个世纪，佛教已经被引入日本，并且在奈良时代安定的环境下发展壮大。当时的日本政府，就像都城本身的设计一样，系以中国唐代的对应事物为模仿对象，而在某些情况下，则是两个既有稳固社会的混合物。

任何不满氏族、敢于叛乱反抗皇权的个人或由熟虾夷（经过多个世纪，已经被驱赶到北方）造成的问题均被高效地解决。794年，京都替代奈良，成为日本帝国的新首都。这一地位一直保持到1868年。

第一个武士

10世纪的时候，第一次出现了"武士"[1]这个词。从字面上看，这个词的意思是"侍者"或"随从"，被用于一个纯军事的上下文语境中。起初，这个词被用于指称那些被征发到京都担任守卫职责的人。随着时间的流逝，开始被用于指称任何为强大的领主服役的军人。该词迅速具有了浓厚的贵族和世袭色彩，武士世家由此开始获得承认和珍视。一些武士世家系古代日本氏族的后裔。另外一些新兴的家族取得其声名则借助军功，而其光辉历史才刚开始书写。

---

[1] 此处"武士"一词即英文原书中的"samurai"对应的日文汉字是"侍"。日文中另有意义相同的"武士"汉字词，读法与"samurai"不同。——译者注

通过为平安时代的京都朝廷服役，武士家族们变得更加富裕，更有势力。到11世纪，出现了两个特别强大的家族。他们就是所谓的平氏和源氏。源氏和平氏凭借其武力左右日本的政治将近一百年。在1156年的保元之乱期间，交战双方都有两大家族的武士参战。最终，发生在京都的大战决定了此后天皇之位的传承。此乱之后不久，战乱又起，这一次源平两家走向了直接的对立。平家在斗争中（1159—1160年的平治之乱）获胜，残酷处置了敌对势力。但源氏家族的主要成员，当时还是孩子，在血腥的清洗中幸存了下来。1180年，源氏家族的幸存者重启战端。这是后来被称为"源平合战"的那场战争中的第一次战事。"源"代表源氏家族，"平"代表平氏家族。

源平合战是理解日本武士历史的基础。首先，源平合战期间发生的一系列战事，比如一之谷之战（1184年）、屋岛之战（1185年）和坛之浦之战（1185年）为此后整个历史上日本武士的品行确立了道德标杆。在日本，有很多以这些战事为主题的具有传奇色彩的传说和绘画，以口头和视觉艺术的形式，展现了源平合战期间武士们所具有的英雄主义精神，为后代的武士们展示出作为最高贵、勇敢和正义的武士所应该具有的品质。日本武士文化的所有遗存元素在某种程度上几乎都可以见诸与源平合战有关的艺术创作中。在源平合战传说中，充满了对于武

1159—1160年的平治之乱期间，后白河上皇和二条天皇为藤原信赖所劫持。后白河上皇和二条天皇后来被平清盛解救，藤原信赖被杀。平清盛开启了一个由武士控制政府的时代。这幅彩色石印画出自成书于13世纪的《平家物语》（讲述平家的故事），作者为僧人画家住吉庆恩。（Ann Ronan Pictures/Print Collector/Getty Images）

士在弓箭对射战和肉搏战中的勇猛、武士的阵战艺术、武士对于诗歌的热爱和刚烈性格、武士对主家至死不渝的忠诚和惊人的仪式化的剖腹自杀的表现。

另一方面，源平合战在日本武士的历史上留下了自己的烙印，即胜利者确认其胜利的重要步骤。1192年，源赖朝就任征夷大将军。该头衔在此前是天皇政府临时授予那些被派遣去镇压反对朝廷的叛乱的武士领袖的职位。至此，源氏家族在日本再无竞争对手。作为军事独裁者，源赖朝为自己争得了这一新角色。区别在于过去的任命是临时的，而现在征夷大将军变成了长期的职务，直到八个世纪后，日本进入现代社会后的1868年，这一职务才被废除。将军的职位也只限于在源氏家族内部世代继承。由征夷大将军主导的政府被称为幕府，"幕"就是帐幕的意思，名字源于将军所在的战时指挥部通常会有帐幕围绕。对于新的统治体系来说，将天皇贬低为只具有巨大宗教影响力而没有实权的傀儡，是一个明智的选择。这样，日本国的治理就落到了最大武士家族的首脑的肩上。

武士所面临的挑战

源氏家族没能享受多久的成功。1199年，源赖朝因在骑马出行时遭遇意外而死，源氏朝廷后来被北条氏所推翻，只延续了不到三代人。出于对源氏拥有将军这一头衔的传统的尊重，北条氏的统治者称自己为执政，而不是征夷大将军。因此，在1221年天皇短暂地试图复辟期间，就是北条氏执政，而不是源氏将军面对这一切。这次复辟被迅速地压制了下去，但半个世纪后，北条氏遭遇了一个与此前的挑战完全不同，足以威胁日本生存的大麻烦。

13世纪的亚洲大陆是蒙古人的天下。在成吉思汗及其继承者的领导下，这一马上民族冲出家乡的大草原，征服了从波兰到朝鲜的广阔土地。1274年，日本进入了蒙古人的视野，蒙古人袭击了九州岛的南部。紧随其后的是在1281年的正式的入侵尝试，但该次侵略被英勇的日本武士和恶劣的天气联合击败。被称作"神风"的暴风雨摧毁了停泊在日本海岸的蒙古军舰队。在日本武士的世界里，击退蒙古人入侵的战例进一步强化了他们在源平合战期间所确立的行为规范。迟至1945年，出于对摧毁敌军的具有强大威力的神风的向往，"神风"一词仍被用于命名攻击美国舰船的自杀式飞机机组：神风特攻队。

下一场加之于日本武士统治权的挑战出现在14世纪，当时天皇再一次尝试复辟。此次运动由精力旺盛的后醍醐天皇领导，在经历过1324年的简短冒险后，其最终并未能取得进一步的成功。但是这一运动的持续时间更长，在源平合战和蒙古袭来的故事之外，成功地造就了更多的具有赫

1895年建于京都的平安神宫，部分属于平安时代天皇宫殿的复制品。（Alvin Leong/Flickr）

本质上日本武士是一种骑兵。在这幅表现1185年屋岛之战的屏风绘画上，我们可以看到源氏一族的武士们。前景中有两个武士，其中一个徒步，挥舞着薙刀——日本的一种有着弧形长刃的阔刃刀。

赫威名的武士英雄，其间建立了一系列更辉煌的功业。尤其是，在南北朝战争（分别有两个互相敌对的天皇朝廷）期间，出现了一位因为对天皇的忠诚而为后世所敬仰的武士。他就是楠木正成。在19世纪，当天皇家族最终恢复了统治时，楠木被描述成值得效仿的最忠诚的武士榜样，名垂青史。对于楠木正成来说，不幸的是，他对于天皇的忠诚导致他在1336年的凑川之战中不得不自杀。这场战斗未采纳楠木正成的建议，面临不可避免的失败，但楠木正成还是服从了天皇，坦然面对最终的牺牲。后醍醐天皇的倒幕努力产生了另一个后果，北条氏执政被推翻，所产生的权力空间由足利氏所填补。足利氏也是源氏的后裔，他们重建了幕府，以将军的名义统治了日本两百多年。足利氏幕府末期，再次出现了单一家族无法控制众多反复无常、掌握权势的武士家族的情况。在15世纪，日本陷入了一系列小家族势力的武力冲突中，这种冲突慢慢地酿成大乱，最终影响到政府中枢本身。这就是1467—1477年的悲剧性的应仁之乱。战乱结束后，京都变成了一片废墟，将军颜面无存。还有更多的内战发生在日本的其他地区。

战国时代

应仁之乱引发了日本一个半世纪的战乱，历史学家

皇室的三大神器

　　很多民族会公开展示象征特定国家统治权的宝物，但有一个很著名的例外，去日本旅游时，我们就看不到日本君主的缀满珠宝的王冠。在12世纪以后，甚至日本天皇本人都看不到自己的神器。

　　这些神器包括八尺琼勾玉、八咫镜、草薙剑，过去曾经是，而且现在仍旧是见证皇权合法性的宝物，是天皇皇权世代传承的象征和凭据。三大神器源于天皇王朝的创立传奇。根据故事传说，太阳女神天照大神藏在一个洞穴中不出来，为了引诱其走出洞穴，有一个神就告诉天照说，现在天照已经有了一个更加强有力的竞争对手，此刻洞穴外面传来的音乐和欢呼声就是众神为了庆祝这个而奏响或发出的。天照大神就从洞穴中探出头往外张望，结果看到有一棵树上挂着一块宝玉。宝物旁边隐约有一个身影，好像就是她的新竞争对手。没等天照大神意识到那其实是她自己在铜镜上的影像，另外一个神就已经抓住了她，不肯让她再退回到洞穴中去。

　　第三件神器出现在后来的一个神话中。传说素盏呜尊神曾经杀死一条八岐大蛇（八头八尾），在大蛇的尾巴里发现一把宝剑。由于这是一把非常精美的宝剑，他就把这把剑献给了他的姐姐天照大神。又因为这把剑藏身的蛇尾曾经被乌云所覆盖，所以这把剑又被命名为天丛云剑。该剑后来辗转流传到了天皇倭建命手中，曾被用于在烈火燃烧的草地上斩出通路，救了倭建命一命，所以又被称为草薙剑。

　　天照大神将剑、镜、玉三大神器赐给天孙琼琼杵尊，琼琼杵尊又将三大神器传给公认的第一位日本天皇神武天皇（通常认为生于公元前660年，死于公元前585年）。此后，这些神器就在天皇家族中世代相传，成为任何天皇继承人都必须具有的重要宝物。

　　在早期的日本武士历史中，虽然这些神器并不是实际上的王冠，但却为官方所承认，彼此竞争的皇位候选人会努力争取获得这些神器。公

表现1185年坛之浦之战的画作细部，其中可以看到两支正在交战的舰队。有红旗飘扬的船只居中，属于平家，正受到外围源氏舰队的攻击。

元前1世纪的崇神天皇命人制作了三大神器的复制品，用于替代原始的神器，真正的三大神器则被送往伊势神宫保存。

在接下来的数个世纪中，三大神器曾经戏剧性地出现在当时的武装冲突——发生在源平合战期间1185年的著名的坛之浦海战——中。在遭到盟军背叛后，许多平家人意识到大势已去，选择了跳海自杀；其中就有带着草薙剑、八尺琼勾玉，以及还是孩童的安德天皇的天皇外祖母。尽管原始的八尺琼勾玉被找了回来，但草薙剑的复制品却永远地丢失了。

1868年，明治天皇在京都即位。同年，日本首都以及八咫镜复制品、原始的八尺琼勾玉被迁移到了东京（原名江户）。该城在1603年以后曾经是将军政府的首都。此后，两大法器被安放到了天皇的皇居中。原始的八咫镜仍旧被收藏于伊势神宫，而原始的草薙剑则躺在名古屋的热田神宫。草薙剑的复制品当然仍旧躺在坛之浦附近的海底，如果还没有被彻底锈蚀掉的话。

源义经和僧兵武藏坊弁庆在1185年的屋岛之战。该屏风画来自日本鸟取市的渡边美术馆。

称之为战国时代。这一名词借用自中国历史——虽然在日本，战争系发生在氏族和家族之间，而不像中国那样是发生在国与国之间。[1]在这一时代，不同势力的领袖被称为"大名"[2]。从字面上看，这个词的意思是"伟大的声名"。在16世纪，诸如，武田信玄、上杉谦信和伊达政宗均为自己博取了"伟大的声名"，使得在源平合战期间建立过功勋的先辈们的业绩变得黯然失色。这也是一个武士战争的大发展时代。只有强者才能活下来，为了成为强者，必须供养装备精良的大规模军队。成功的大名通过征召足轻（步兵）拥有大量的军队，这些足轻在接受训练后，可使用弓箭（武士曾经使用过的传统武器）、长矛和新近引进的火绳枪进行作战。1510年以后，日本人已经会使用粗制的中国火铳，但1543年欧洲火绳枪的引进在日本引发了一场军事革命。这种武器最初来源于欧洲的商人，但日本人很快就学会了自己制造生产。此时，著名的织田信长开始在其军中配备采用齐射战术的受训步兵队。1575年长筱之战的胜利在很大程度上是由于织田信长军采用了这种新战术。

战国时代的主要军事竞争是最强大的大名之间的权

---

[1] 原文如此，实际上中国战国时代的邦国与日本战国时代的邦国虽有所区别，但也并非纯粹的异民族国家的关系。——译者注

[2] "大名"就是拥有广大领地的名主。"名主"是日文汉字词，即公田的实际掌管者——田庄头目。——译者注

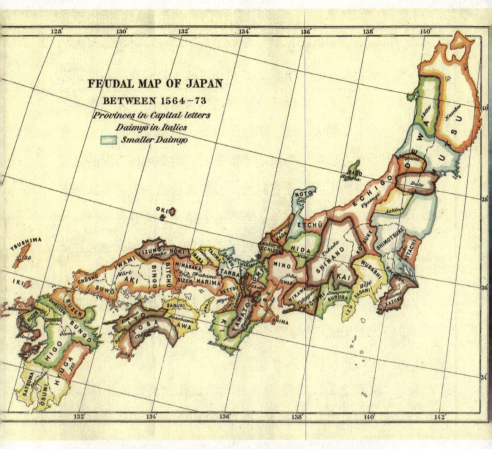

1564—1573年日本行政区划和主要大名的邦国地图。

力斗争，最终造成唯一的胜利者的诞生。1568年，织田信
长占领了京都，废除了将军职位，朝那个产生唯一胜利者
的方向迈出了第一步。1582年，织田信长去世。最终统一
日本的人是织田信长的一个武士丰臣秀吉。丰臣秀吉最初
的职位是足轻，逐渐上升到高位。后来，他成了织田信长

最信任的将军。当获悉信长被刺杀[1]的消息后，他出于对信长的忠诚和投机主义，立刻采取了行动。经过一系列的政治活动和军事斗争，比如山崎之战（1582年）和贱岳之战（1583年），丰臣确立了自己的权威。一些无法在战争中击败丰臣的大名成了丰臣的盟友。1584年，德川家康在长久手之战后被迫臣服于丰臣秀吉，就是这种情况的最好案例。事实证明，还有其他一些更加顽固的大名不认同丰臣的领导地位。1585年，丰臣秀吉第一次离开日本列岛的主要岛屿本州岛作战，征服了四国岛。1587年，他乘胜征服了九州岛和强大的岛津家族。到1591年，随着北方大名的臣服，丰臣秀吉已经控制了整个日本。低下的出身使得丰臣秀吉无法重建将军制度，但此时他所拥有的权力比过去的任何将军都要大。

在那之后，丰臣秀吉开始尝试让自己征服中国。作为第一阶段的战略计划，他在1592年发动了侵略朝鲜的战争，但当时的中国（明朝）出头接受了挑战，激烈的战争

（右图）织田信长是统一日本的战国时代三英杰（其他两人为丰臣秀吉、德川家康）中的第一个。凭借其军事才能和坚毅的性格，他征服了日本中部的大部分地区。在这幅现代人绘制的绘画上，我们可以看到身披彩色精甲的织田信长端坐于马背之上。马前有一名担任马夫的足轻，擎旗的足轻则跟在后面。

---

[1] 原文如此，实际上后文也写到，织田信长系死于兵变后的自杀。——译者注

由此引发。在中国明朝军队的支援下，装备了龟船的朝鲜海军和游击部队使得日本远征军无法进一步深入朝鲜半岛。1598年，日军最终耻辱地被赶出了朝鲜，除了给日本人的近邻带来巨大的破坏之外，这次远征未取得任何成果。

　　日军撤离朝鲜之时，丰臣秀吉已死，日本名义上的统治者这时成了他仅五岁大的儿子丰臣秀赖。在日本武士的政治圈中，这种脆弱的架构当然不会维持很久。两个互相竞争的派系很快就出现了：一派忠于秀赖，另一派则看好德川家康——此人拥有足够的实力、足够的智慧去挑战丰臣秀吉的继承人。1600年，双方在关原大战——这是日本历史上最具有决定性意义的战役之一。德川家康最终获胜。既然他也是源氏后裔，所以是可以做征夷大将军的。自此，德川将军一直统治日本到19世纪中期。1614年，秀赖曾短暂地试图拿回属于自己的权力，但这导致了1614年冬季和1615年夏季的大坂[1]围城战。德川家康取得了大坂之战的彻底胜利。围城战后，丰臣家的幸存者遭到清洗。此后两百多年间，除了1638年短暂的岛原之乱外，并无任何军事挑战威胁到德川家的统治地位。

---

[1] 明治年间改作"大阪"。——译者注

丰臣秀吉——日本战国时代统一日本的第二个天下人。

武士时代的终结

德川幕府确立其统治的手段数量众多而且花样不同。岛原之乱有基督教的背景在内，使得幕府恐惧不已，遂下令断绝跟欧洲的任何联系。在相当长的一个时期内，幕府怀疑来日本传教的传教士是欧洲大国派来的间谍。传教士还曾为试图反抗德川幕府的叛乱者提供可获得所需欧洲武器的途径。1639年的幕府禁令禁止了除严密控制的港口之外的所有对外贸易。中国和朝鲜仍旧是日本的贸易伙伴，但在接下来的两百多年间，对欧洲贸易仅可通过一些荷兰新教徒商人进行。这些商人被获准居住在长崎港的人工岛屿——出岛上。

为压制国内的潜在竞争对手，获得授权的大名需要在德川幕府的完全控制下治理自己的领地（藩）。

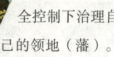

德川家康像，见于长筱城纪念馆中的云锦条屏。

这一幕藩体制有不断的监管和其他手段（比如轮流进京觐见制度）的支持。这一体制的基础只是一个庞大的人质制度。大名居住在他们的城堡里，而家属则住在江户——幕府的京城。每年大名都要进京觐见将军，以表示敬意，这时才能跟家人团聚。幕府要求大名在进京时需要率领一支数目庞大而且装备精良盔甲和武器的部队，在行军时还得走在队伍的前头。这是一个巧妙的计策，目的是使大名们尽可能地陷入繁忙和贫穷之中。日本社会的这种状态为1853年美国海军准将马修·培理对日本的短暂造访所打破。1854年，马修·培理再次到访，向日本幕府提出了缔结贸易协定的要求。外部世界的强大力量给德川幕府留下了深刻印象，幕府只好签署贸易协定，把日本的港口向外国人开放。这在日本的守旧派中引起了更多的愤怒，他们觉得将军牺牲了日本人的重要利益，由于害怕"西方夷狄"，使自己处在非常不利的地位。

幕府将军政策的主要反对者是长州藩的毛利氏和萨摩藩的岛津氏。他们的先人都曾经在幕府统治下遭受过苛刻的待遇。幕府政策的批评者同样对西方强大的军事力量充满敬畏，日本人开始寻求新的军事技术，以便使自己能够保卫日本。很快，守旧派发展出了两个目标：推翻幕府将军的统治和驱逐外国人。这两种企图以勤王的名义结合在一起。在"尊王攘夷"的口号号召下，德川幕府的反对

井伊直政及其护卫以颜色鲜艳的红色为标识。他们的铠甲、头盔、旗帜、马具，甚至铠甲的次要部分，比如袖子，都采用的是这种颜色，所以井伊直政在古代武士题材画屏上是最容易被认出的人物。此屏风画展现的是井伊直政参加1600年关原之战的情形，见于日本鸟取市渡边美术馆。

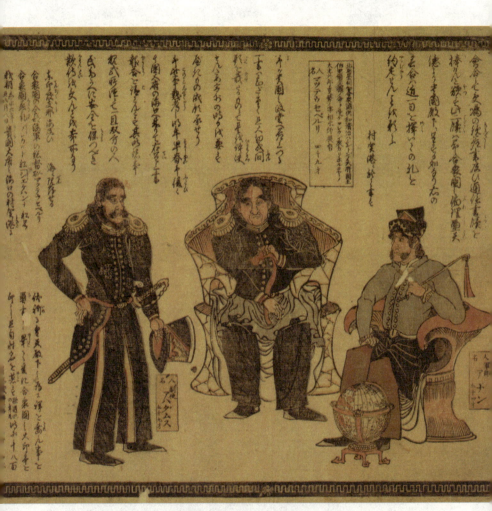

此一日本印刷品上显示的人物分别是（从左到右）亨利·亚当斯船长、马修·培理准将和一名指挥官阿南。（美国华盛顿国会图书馆）

者寻求武力废除将军，重新恢复天皇的权力。这随即在双方之间引发了一场充满巨大仇恨的内战。在德川江户幕府时期，曾经出现过两次试图恢复天皇权力的努力，这一次属于第三次，被称为明治维新，最终取得了成功。一些顽固分子，例如日本北部会津藩的忠于将军的武士，一直战斗到彻底被现代武器的力量所消灭。1868年，最后一任德川幕府将军德川庆喜将统治权奉还给新任天皇——这一授权是1192年天皇授予第一任幕府将军源赖朝的。

明治天皇在某种程度上恢复了多个世纪以来被剥夺的政治权力，但1868年明治维新的结果并不是其支持者最初所设想的"攘夷"，而是与之相反，热情拥抱西方文化。这一大转弯在大多数人看来是不可避免的。在这个新生的日本，没有多少留给世袭贵族武士阶级的空间，所以很快就用欧洲式的现代军队取代了带刀的日本武士。

许多"保守派"憎恨变革，因此也导致零星出现了一些对改革的抵制运动，比如1877年的西南战争。尽管遇到了些许注定失败的逆时代潮流而动的事件，日本人还是大踏步地走进了现代社会。武士时代成为此后很多年直到今天仍旧激励着日本民族，使其敌人感到恐惧，并让其盟友感到迷惑的历史记忆。

文觉法师给源赖朝看他被平家
杀死的父亲源义朝的头骨，以
激励源赖朝起兵反抗平家。

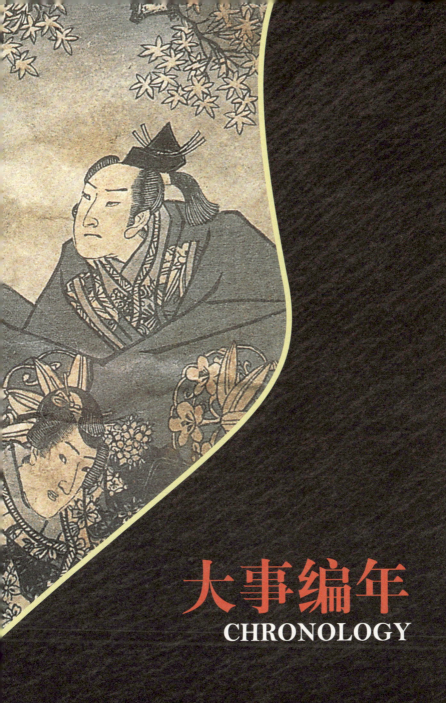

大事编年

CHRONOLOGY

710年　天皇定都奈良——奈良时代开始。

794年　京都继奈良成为天皇政府的首都——平安时代
　　　　开始。

1156年　保元之乱：天皇帝位之争，埋下了此后源平合
　　　　战的种子。

1159—1160年　平治之乱：此前斗争的后续，使得源氏和
　　　　　　　　平氏走向了直接对立。

1180—1185年　源平合战。平家在坛之浦之战被击败
　　　　　　　　后，源赖朝获得了统治权，镰仓幕府时
　　　　　　　　代开始。

1192年　源赖朝成为第一任征夷大将军。

1199—1256年　北条氏执政。

1221年　与世隔绝的后鸟羽天皇尝试恢复天皇的权力
　　　　失败。

1274年　蒙古第一次来袭在九州遭遇失败。

1281年　蒙古第二次来袭为"神风"所击败。

1324年　后醍醐上皇试图推翻将军的统治失败。

1336年　凑川之战。足利尊氏拥立新天皇，成为第一任足利氏将军，开启了室町幕府时代。后醍醐天皇[1]则在吉野组织了自己的朝廷。南北朝战争开始。

1467—1477年　应仁之乱，起于一桩牵涉到室町将军幕府的大名之间的争端。结果导致京都被毁，随后发生的大规模的战乱标志着日本进入战国时代。

1488年　激进的净土真宗佛教徒（僧侣领导的农民起义）占领了加贺国，其统治一直持续到16世纪70年代。

1543年　欧洲人的到来和引进火绳枪。

1549年　火绳枪在日本的战争中第一次被使用，地点在加治木城。

1568年　织田信长立足利义昭为傀儡将军，安土桃山时代开始。

1573年　织田信长放逐足利义昭，建立自己的政权。

1574年　净土真宗位于长岛的堡垒被摧毁。

1575年　长筱之战。

1576年　兴建安土城。织田信长进攻石山本愿寺。

---

[1] 后醍醐天皇因倒幕战败，一度被废黜流放，称"上皇"，后再度举兵称"天皇"倒幕。——译者注

大事编年

"后三年合战"期间，源义家率领所部武士投入作战行动。（斯蒂芬・特恩布尔所藏日本档案）

1580年　石山本愿寺向织田信长投降。

1582年　织田信长在本能寺遇刺；丰臣秀吉继承统一日
　　　　本的事业。

1588年　丰臣秀吉颁布《刀狩令》，禁止除武士阶层以
　　　　外的人拥有武器。

1591年　丰臣秀吉完成了日本的统一。颁布兵农分离的
　　　　政令。

1592—1598年　丰臣秀吉令日军入侵朝鲜。

1598年　丰臣秀吉病逝。

1600年　关原之战，胜利者德川家康成为日本的实际控
　　　　制者。

1603年　德川家康成为将军，江户时代开始了。

1614年和1615年　大坂围城战。

1633—1639年　开启日本闭关锁国时期的政策制定。

1638年　岛原之乱。

1702年　四十七浪人复仇事件。

1853年　美国军舰驶入江户湾，要求缔结贸易条约，结
　　　　束了日本的闭关锁国时代。

1868年　明治维新：天皇的权力得到恢复。

1877年　西南战争；熊本围城战。

浮世绘画家月冈芳年画作的印刷品版本，表现的是1877年被击败的萨摩藩叛军。（Universal History Archive/UIG via Getty Images）

在这张印刷品上，我们可以看到武士上杉谦信正在鉴赏武士刀。通过用刀刃反射火光，他正在检查刀刃制作工艺的细节。注意他剃的光头，这说明这位武士也是一名和尚。

武士的
生活方式

THE WARRIOR LIFESTYLE

日本武士的身份更多的是一种世袭遗产，而不是职业。不管是作为武士的男性还是作为武士家属的女性，都属于军人阶层，不管他们是否曾经拿过刀剑。然而，武士并不局限于纯粹的军事角色。一些武士是非常有声望的学者。武士可以担任民政和军事的管理者、神职人员、画家和美学家。还有一些武士仅仅是武士家族的家庭成员。不过，理论上所有武士都应弓马娴熟。

武士的女性家族成员也需要接受学习使用在腰带中携带的短匕首的训练。这种匕首被收藏在织物缠裹的锦匣里，像男人佩带的武士刀一样，是她们身份的标志。上流社会的女性还会受训使用特定的武器薙刀（一种戟），其是一种女人用的武器，用于本家防守的最后一道防线。夜间，封建领主级别的武士通常会让成群的手持薙刀的女人在内院巡守。

许多佛教僧侣——至少可以来源于大多数阶层——一出生就成为武士。宗教界是一个不太强调成员出身的领域（毕竟，人在剃度出家后应该放弃世俗世界的生活

在这幅不同寻常但信息量很大的绘画卷轴上，我们可以看到一群正在休憩的高级武士。其中有一个正在做按摩，下人则在一旁伺候他的同伴喝清酒（一种米酒）。

方式），但这种情况并不是很多。有一些有钱有势的领主，会在接受佛教的戒律后，继续管理他们的领地，统帅自己的军队。武田信玄（1521—1573年）和上杉谦信（1530—1578年）就是属于这种情况的两个著名案例。对于大多数足轻来说，其等级所能允许他们过上的现实生活也仅够让人保持光荣的梦想而已。具有讽刺意味的是，正是丰臣秀吉本人——此人系农民出身，从给家主拿拖鞋的地位崛起为全日本的统治者——使得要实现那些光荣梦想变得更加困难，因为他发布的兵农分离的政令限制了跟他一样出身的人。

在相当长的时期里，儒家严格的社会等级观念并未获得日本官方的认可，到了德川幕府时代，为了稳固地控制社会，日本政府开始正式地鼓励这种观念的传播。实际上，在日本武士文化中始终有一种强烈的儒家暗流，每个人都或多或少地接受了很多儒家思想。武士的等级观念也与宿命论的佛教世界观有关。

在日本武士中存在着强烈的害怕失去主人的恐惧，社会结构与臣仆和领主之间的内在精神依赖是相应的。失去领主，成为浪人（没有领主的武士），意味着丧失任何家族势力的支持和保护。如果领主死亡，没有继承人，他的家臣都将成为浪人。家臣也可能因为犯下罪行被逐出家族，比如打架或者违反家规。

围棋是一种显然跟战略规划有关的游戏。玩的时候，在沉重的木板棋盘上，使用放在木碗里的黑色和白色石头棋子进行游戏。中间的武士穿着标准式样的裃，这种服装包括裙裤和肩衣，后者是一种无袖的短上衣，在肩部位置向两侧突出。在他的头上，戴着一顶乌帽子，那是一种硬帽。左边的武士则穿着一件更休闲的日常样式的裃。站着的武士穿着一种短裙裤。（版权归鱼鹰出版社的安格斯·麦克布莱德所有）

浪人带着武器四处流浪，以寻求雇佣，但往往会沦为盗贼。有些浪人保持着自己的荣誉感，或削发为僧，或在别的领主那里找到新工作，效忠于别的家族。在战国时代，无主的流浪武士是很容易重新实现自己的人生价值的。

所有武士都担有职责并得到薪俸，他们需使用薪俸购买所需的全部装备，装修自己的房舍（如果他们有的话）。武士经济的基础是大米，能够养活一个人一年的大米量被用作计量单位，被称为"石"。石是衡量武士财富的通用计量单位，一石相当于120升。最低等的武士的收入略低于一石（假设他们的饭菜消费都要记在家主的账目上）。

中等领主或堡主，可能有几百石的薪俸，他需要使用这些薪俸供养为他服务的武士，修缮城堡，养马，养仆人，等等。为了方便起见，在付账时是使用现金的，但武士经济本质上是一种以水稻为基础的经济。即使是甲斐国的武田家——日本最有价值的金矿大多位于该藩国境内——也需要大米来供养士卒。大米如此重要，以至于许多种植水稻的农民不能吃武士专享的大米，而只能吃小米。收获的稻米送到领主的城堡计量，然后就储存起来或分发出去。

钱财通常由武士家庭中的女人管理，因为男人处理这种事情会降低他们的身份。唯一需要经手钱财的男人是那些肩负特殊职责的专业人员（比如城堡厨房的监督人员）。即便如此，为日后付账起见，仍需制备交易的票据。

在武士氏族内部，安排有各种官位，以承担各种职责。在某些方面，类似于现代军队的做法：所有人都是军人，一些做厨师，一些做秘书，一些负责运输，一些负责其他更机密的事务。

在城堡里驻防的武士可以自由调动他们的工作——如果他们的职务级别足够高的话。升迁后可能就不会总在一个区域工作。如果有武士获得一个较高级别的职务，他就需要充分了解指挥和维持一支军队所需要的城堡甚至整个领地的全部详细情况。

早期教育

《叶隐闻书》是一部记录武士轶事和道德故事的文集，大约在1710年由山本常朝口述，他人代为笔录而成。在该书中，我们读到一个武士应该在凌晨4点起床，洗澡，整理日常的发型，当太阳升起时吃饭，黄昏时即开始休息。按照这种规律的作息方式，战国时代的日本武士从很年轻的时候就开始过一种充实而繁忙的生活。《叶隐

成人礼

有时，会为十三岁到十五岁的准武士举行一种叫作元服礼的仪式。对一些贵族家庭的男丁来说，这通常发生在第一次正式参加战争之前。

元服是一种成人礼。从此以后，男孩的头发就要按照成年人的样式来修剪：将头顶上的头发剃掉，其他头发挽成成人式的发髻。此外，还要戴成人样式的帽子，叫作加冠。在某些情况下，如果当时所属的武士家族正巧处于战争期间，换帽仪式会变成换穿一套盔甲。

对于武士家族的女人来说，至少在级别较高的家庭，所经历的成人礼叫作裳着。在裳着礼上，她们第一次把眉毛剃掉，把牙齿染黑。后者需要通过使用氧化铁染料实现，属于日本古代上流社会妇女的一种宫廷传统。这也意味着她们已经做好了结婚的准备。在当时，她们的婚姻多半是用于巩固家族关系的政治联姻。

（右图）元服礼标志着从青少年时期服饰和装扮到成年样式的过渡。右图这幅印刷画的作者为浮世绘画家鱼屋北溪，题为《元服吉》，描绘的是一个女子在一个幸福的日子里剃掉眉毛的场面。剃眉、画眉和乌齿，对于武士阶层的妇女来说，意味着成年。（华盛顿国会图书馆）

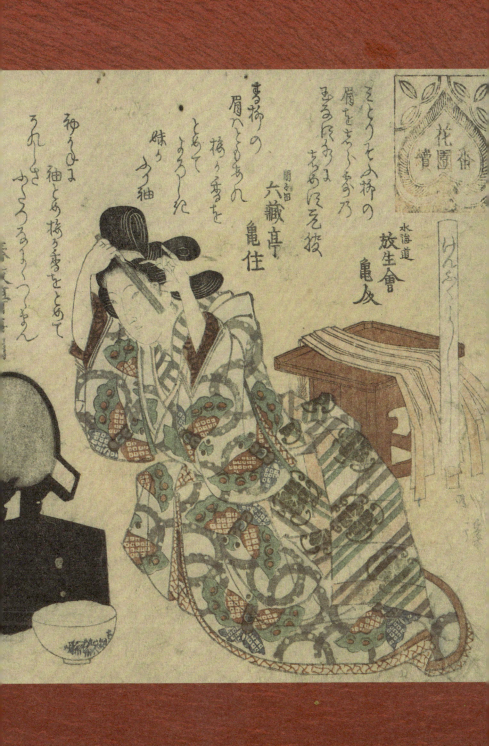

闻书》甚至还向年轻武士的父母提出了一些建议，其中说到武士应该如何抚养孩子：

> 从孩子幼年的时候起，就应该鼓励孩子的勇敢行为，避免让孩子无谓地遭受惊吓或取笑孩子。如果人在小时候经历过懦弱行为，一辈子都会承受因此而造成的心理阴影。对于父母来说，草率地让孩子害怕闪电，或者不让他们进入黑暗的地方，或为了阻止他们哭告诉他们可怕的事情，这些都是错误的做法。

在欧洲，有抱负的骑士在接受封爵之前，需要经历一个启蒙受训的过程。相比之下，在日本并无这样的过程；武士从出生起就开始接受为承担自身所需要承担的职责所必备的教养。不同于他们的欧洲同行，他们不是在朋友或亲戚那里接受训练，所有一切都在自己家里完成。

对于少年武士的军事训练开始得很早；这种训练可能从一出生就开始了——如果某个孩子不幸是左撇子的话。在日本，实现统一是非常重要的事，每个人都按通常惯例用右手劳作，左撇子是不可接受的。日本人会将有左撇子问题的孩子的左胳膊绑住，把孩子需要用的东西都放在只有右手能碰触的位置，总之，可能考虑到的一切都会被设计得有利于破除用左手的习惯。

尤其是七八岁的男孩会被鼓励去跟玩伴交际，一起玩，以避免他们出现不善于与人合作或过于以自我为中心的倾向。到了九岁、十岁，开始集中学习比如阅读、写作之类的课程——虽然从七岁开始，他们可能已经开始定期去寺庙学校学习。

十岁到十二岁，受训强度开始加大，这个阶段的孩子可能每天学习、训练长达十二个小时，内容包括从抽象的学问到乐器演奏等，或者进行体育训练。

十三岁的时候，开始学习格斗。在历史上，不止一个著名的大名在这个年龄已经开始参战。这些年轻的武士在出战的夜里可能会聚集在营火周围——新兵都是这样——充满敬畏地听那些更有经验的武士讲故事。这本身就是一种训练。

服装打扮

作为大名的战斗部队的精英，武士需要保持形象的尊严，树立下层阶级追随的榜样。几乎可以百分百地认定，在战场外任何环境中出现的头发蓬乱、衣冠不整的武士，都是属于没有主家、不被需要或放纵自己犯罪或醉酒的人。《叶隐闻书》一书在1710年告诉我们：

现存最精美、最具有历史意义的大名宅邸——飞云阁。该建筑由丰臣秀吉建造，构成伏见城的组成部分，后被转移至京都的西本愿寺。图示是从配有观赏池塘的花园中所见到的该建筑场景。（Hideyuki Kamon/Flickr）

在此前五六十年的时代，武士要经常沐浴，刮前额，洗头，剪手足指甲，再用浮石将指甲打磨光滑，在指甲上涂抹用药草榨汁的紫色指甲油，他们很注重自己的个人形象。不用说，他们的盔甲通常也是保养得铮明瓦亮，经常接受清灰、擦洗和保养。

武士的个人自豪感一眼就能看得出来。当卸下盔甲时，他们会穿上样式非常传统的精美服装。和服是一种类似长袍的衣服，在和服长袍上面武士会选择不同样式的服装以匹配所处的不同环境。在大名的城堡中执勤等正式任务要求武士穿着传统的裤这种服装有着宽松的裤腿；作为正装的短上衣的肩部要么向双肩外部探出，要么采用宽松的羽织样式。羽织是日本的一种特有服装，用于防寒、礼服等目的，穿在长着、小袖的上面，最初是武士在铠甲外面所罩御寒服装，渐渐发展成常服。武士穿的裤采用同样的颜色和设计，在前胸和后背位置有所属大名的家徽纹样。紧身的短裤是更加非正式的服装。武士在裙裤的腰带里可以插两把刀，那是作为特权阶级的武士的识别标志。

武士的头发尤其要受到特别仔细的呵护。武士需要把头发向后梳理成一个发髻，发髻或者向后探，或者折叠在一起。将额头前面的头发剃光，是武士的流行时尚做法。在作战时，头发有可能会垂下来，遮蔽视线，所以武士会简单地采用钵卷（头带）把头发缠住。因此，有时在表现战争场面的日本印刷品插图中，可以看到武士的头发在风中飘散的场面。《叶隐闻书》建议武士应该蓄胡子，这样一旦被斩杀，其首级就不会被误认为是女人的。日本武士很少留络腮胡，像有络腮胡的加藤清正那样对面部毛发的偏爱通常会受到评头论足。

无论是否披挂盔甲，武士都会随身带着一把刀，或者，更常见的情况是，带着两把刀。在室内活动时，武士通常只带着一把短刀。佩刀通常别在左侧的腰带下面。这些佩刀通常带有配套的刀鞘和护手。在仅佩带单刀或单匕首时，才采用纺织物包裹的方式。此种情况通常是在对于装备的统一性没有太高要求的场合。携带武器的权利是武士阶级地位的标志，让他们很有自豪感。武士阶级的女人携带的短匕首通常放在腰带里，用锦缎包裹，这也是她们身份的标志，跟男性武士带刀的意义是一样的。

武士还随身携带一把扇子，此外，可能还有一些软纸（就像现代人带纸巾一样）、一个小钱包。像钱包这类较小的东西可以不为人所注意地藏在衣袖里，大一些的东西要么塞进腰带里，要么塞在和服前胸位置的暗袋中。

武士的领地

到了1591年，丰臣秀吉颁布兵农分离的法令后，农民和武士之间出现了严格的界限，武士的日常生活变成了在大名的城堡和武士自己的领地两点之间变换。武士可能是领地的管理人，也可能是土地的耕种者，这取决于武士掌握的资源，而其掌握的资源又取决于其在为大名服役期间所表现出的英勇程度。

为领主服役，不管是在战场上还是在战场外，都能获得回报，但回报也带来相应的义务。在某种程度上，这是一个无止境的过程，因为一个武士的财富是根据他的稻田所产出的稻米来衡量的。稻米的数量可对应转换为他需要在大名处服役的天数。耕种的土地越多，就能供养越多的依附者，因此在战事迫近时就需要为大名召集更多的追随者。随着时间的流逝，很多武士的土地被固定薪金所替代。专业的武士会将大部分时间花在大名的官署中，他的手下则代表他在他的领地上工作，模式就跟他为大名工作一样。

大名的统治以城堡为中心。城堡作为经济中心促进了其所在城镇经济的发展，而城镇正是围绕着城堡发展起来的。现代日本的许多县级地方政府所在地就曾经是大名的城堡所在地。在战国时代，日本城堡的模式从山顶上简单的围栏营寨——最原始的山顶城堡——最终演进成像大坂城或姬路城那样的巨型要塞：在一片巨大的石头地基上，华美的大厦直插云天。通常，这些城堡的外墙会被另外一些建筑物所遮蔽，它们实际上是武士们生活的营房。武士居住的建筑物的质量取决于他的级别，所分布的位置也是如此。跟大名最亲密的家臣被安置在最靠近城堡中心的位置。在城堡的中心有两处重要的建筑物。第一处是城堡主楼。它是城堡实施其军事和防卫功能的重要建筑，可充当瞭望塔，同时也是战时的最后一道防线。城堡建造技术的不断发展，导致最终出现了令人叹为观止的范例，比如至今仍耸立在彦根市和松本市的城堡。它们通常有四五层高，采用瓦顶，配有沉重的门窗和巧妙的防卫装置，比如功能类似堞口的天窗，以及长金属锥和隐蔽的出击口。

城堡主楼本质上是一种军事建筑，通常很少在其内部采用奢华的装修。主楼往往采用风格朴素的抛光木板建造而成，非常结实。在城堡中，唯一风格奢华的建筑是大名的屋敷（公馆）。这是城堡中第二处重要的建筑物。这种宅邸通常位于主楼旁边的院子里。这里是大名及其最亲近的武士的生活区和办公区。这种公馆通常为一层平房建筑，反映了日本建筑风格的统一。有滑门分隔的房间之间有木质走廊（在某些情况下被故意建造成当有人在上

图示为武士公馆的经典样式。房屋区域实际上是一个大房间，中间由不透明的滑门或半透明的屏风分隔开。在外面的走廊尽头，我们可以看到一座花园。地板上铺着榻榻米（稻草编的垫子）。此处系高知城内一处公馆的内景。

面行走时能发出很大的动静，以发出有人过来的警告）相连。房间外墙上的屏风（由半透明的纸糊成）可以被推开，这时屋内的人就可以看到室外的花园和池塘。这种屏风的靠里一面通常装饰着绘有风景和动物的画。因功能不同，房间的大小不一，小房间可用于演示茶道，品评香茗，而大的空间可以用于重要的会见。日本传统戏剧能剧表演所需要的舞台，也可以被和谐地融入公馆建筑中。

房屋的内部只有极少的家具。通常可以看到的家具包括矮木台或桌子、扶手椅、灯台和刀架。壁龛往往进行过精细的装潢。其是一种设在房间角落里的凹室，其中可以展示立轴，也可以放一些插了花的精美的花瓶。就像在今天的传统风格的日本旅馆中一样，卧室内没有床。被褥叠好，放在柜橱中，直到睡觉才再取出来。除了中间的开放式明火或者热炭盆，房间内并无其他取暖设施。厨房设置在建筑物外面的空间里。食物将在此处一定范围的区域内加工好，用托盘送进生活区。在所有房间里，浴室提供了最好的休闲方式。厕所为单人式，戒备森严，因为这是外来刺客唯一有希望能遇到大名的地方。

再往外层是普通武士们休息的地方，设施变得更加简朴。这些武士的居处可能只有一个房间并配属一个小厨房的空间，但人人都渴望把自己在城堡内的居处打理得干净而整洁。在乡间也是这种情况。乡间武士的住宅就是稻草盖顶的农舍，外面围绕着菜地，而不是观赏性的花园。户外晾晒着鱼干，几乎占据了每一寸可耕种土地的稻田里有青蛙在呱呱地叫。

武士的饮食

武士是按照传统的强调节俭的方式抚养长大的，这从他们的日常饮食中可以看得出来。13世纪末期的编年史《吾妻镜》曾描述过第一任幕府将军源赖朝举行新年宴会的情况，这场所谓的宴会的食物只有一碗米饭和一碗清酒。有记载显示德川家康曾经训斥过一个向他进献反季水果的家臣，虽然这可能更多是其出于对自身健康的关心。

大多数时候，武士的食物都少而简单，主要包括大米、蔬菜、豆制品、鱼、海藻、盐和水果。武士所食用的蔬菜通常是采摘不久的新鲜蔬菜，此外还有腌制的咸菜，其中腌梅子和腌姜是常见菜。大萝卜、新鲜山菜和菠菜十分受欢迎。牛蒡、茄子、黄瓜、栗子、蘑菇和根菜类蔬菜也是常见的武士们的食物。

他们的食物中通常会大量使用大豆制品。酱油可以用于买卖，味噌（发酵的豆瓣酱）可以做成汤。对于日本武士来说，豆腐是重要的蛋白质来源。在14世纪，稻米已

在这幅绘画卷轴上，我们可以看到一群武士正在欣赏能剧的场面。（高知县山内神社）

经变成普通武士饮食的一部分，但精白米仍旧属于奢侈品。糙米更常见，作为补充食物的还有小米或一种被称为玄米的混合米。所谓玄米，系由糙米和小麦混合而成。大米可以混合着蔬菜和海带在锅里煮熟吃，也可以蒸饭、烘焙或制成大米点心吃。糯米团是最常见的大米点心，由米粉或大米和小麦面粉的混合物制作而成。

狩猎而来的野味，如野鸭肉、鹿肉或野猪肉，偶尔也会成为武士餐桌上的蛋白质来源。武士非常热衷于打猎和享受因此而得来的像熊掌、獾肉和由野猪皮下脂肪炼制的猪油渣等美食。他们通常采用将肉切条、盐渍后风干的办法保存肉类。海产品为武士的餐桌贡献更多。日本人捕捉并食用从虾到鲸的每一种已知的可食用海洋生物。在历史上，马鲭鱼、金枪鱼、鱿鱼和海鲷都曾经出现在武士的菜谱上，其最受欢迎的烹调方式始终是生鱼片，在这种情况下，鱼肉会被削成片，配着酱油和芥末（绿色的辣根酱）生吃。武士们食用贝类相对较多，其中包括美味的鲍鱼。

日本武士还食用不同种类的海菜。裙带菜用于在烹调鱼类时调味，以及包裹储存的食物。深紫色的紫菜，现在常用于制备寿司，是武士们食用的另外一种常见的海藻。油炸天妇罗，现在被视为传统的日本食品，实际上系16世纪由葡萄牙人传入。

在日本武士时代，茶所起到的作用，跟在欧洲起到的作用是相同的：让水可以安全地饮用。在酒精饮料方面，日本武士饮用一种酒劲儿很大的米酒。

在大名的公馆里，服务人员在提供餐食时需要遵守一套烦琐的礼仪。客人们坐在地板上，用筷子取用一张矮桌上的食物。人多时用的桌子较大，也有供单个人使用的小桌子。

食物通常放在漆盘上端上来，每个人的菜干净地盛放在漆器皿或陶器中。米饭需要从一个大米饭锅中取用，在进餐时，规矩是不能弄洒自己的米酒。在低级武士的营房里，饭菜相应地不那么精致，但在上饭上菜时需要遵守同样精细的礼仪。他们对食物卫生的要求是很高的。

休闲和娱乐

虽然日本武士的主要人生目的是当兵，但他们并没有把所有时间都用在打仗或进行作战训练上。他们有丰富的休闲娱乐活动形式，某些以武艺闻名的武士同时也是文化艺术的著名赞助人。例如，日本最伟大的剑客宫本武藏（1584—1645年）同时也是著名的水墨画家。在北条早云（1432—1519年）留给儿子们的家训中，就包括了始终要

不断提高文学修养和修炼武艺的观点，因为文学犹如左手，武艺犹如右手，两只手都不能偏废。

在某种程度上显然处于对立状态的两种事务，按照这种观点被非常紧密地联系在一起。率军作战固然需要能力，但相对而言，管理私人领地对武士的素质要求更高。武士在"下班"后的活动取舍情况，反映出他们是将征战放在更重要的地位上的，这一点很有趣。

例如，访问一座城堡时需要能弹奏日本琵琶的人随行，这不仅仅是出于娱乐的目的。这类人的专业通常是用边弹边唱的方式演说《平家物语》之类的史诗故事。《平家物语》讲述的是平氏武士家族兴衰的战争故事。在大名的公馆内欣赏这类表演，对于年轻武士来说，是一种令人振奋的励志经历。他们可以在这种表演中听到很多过去武士的事迹。《叶隐闻书》强调在欣赏这种表演时应具有正确的心态。陶冶情操比思考问题更重要：

在这种情况下，每个年轻的武士都应该注意一些事情。在和平时期听征战故事，永远

（左图）见于浮世绘画家月冈芳年所绘《月百姿》系列绘画，展现了武士世界固有的内在矛盾品质。图中武士正在演奏日本琵琶，但同时全副武装，随时准备作战。注意武士佩刀刀鞘上的虎皮花纹和缠绕在上面的备用弓弦。

武士所喜欢的最高级的休闲方式是日本式的具有表演性的茶道。所谓茶道就是按照一定规范、礼仪进行的饮茶活动。茶道契合于佛教禅宗世界的静思氛围。在这里，我们看到的是京都高台寺花园中的茅草铺顶的茶室。用于茶道的房间处于前景中，有一个圆形的窗户。右面是主人使用的入口。由于该入口的高度极低，主人必须俯身才能进入，从而显示出他待客的谦卑。（John Weiss/Flickr）

不要提出"在面对这样的情况时，一个人该怎么办？"之类的问题。这样的问题是没有意义的。一个在自己的房间充满疑虑的人，怎能在战场上有所斩获呢？

相似的历史和教导主题在能剧表演中也会出现。演员穿着传统服装、戴着古怪的面具和头饰，进行视觉艺术表演，用以在武士所受教育外对武士进行阶级观和历史观的强化。至于围棋，模拟的是两支敌对军队的战斗，黑白棋子在棋盘上互相包围、搏杀，是一种战略学习，不仅仅是一种游戏。

在所有武士可以参与的休闲娱乐方式中，茶道所蕴含的文化和传统底蕴最为丰富。茶在最初引入日本时，是为禅宗僧侣所使用，用于在夜以继日的工作中帮助僧侣保持清醒。但除了作为一种流行的饮料，喝茶在日本也逐渐发展成为一种高度专业化，融合了武士阶级审美趣味和情感特质的艺术。茶道的主要环节是跟志同道合的伙伴一起，用一种令人愉悦的审美艺术形式品尝绿茶。茶道活动需要在专门的茶室进行，通常是在一间周围有茶园环绕的茶室中。茶室的装修通常应该是传统的简朴田园风格。丰臣秀吉一向以生活奢华闻名，据说他曾在茶室中采用包金的木柱。来客从花园进门，就座，在此之后，茶师

日式花园的设置目的是将自然美带入重门叠嶂的武士城堡或公馆中。图示景观位于日本熊本水前寺，是现存最精美的日式花园之一。锥形山代表的是富士山。（sodai gomi/Flickr）

（有时就是大名本人）会从一个单独的门进来，跟大家坐到一起。茶师进来的门被故意设置得非常低，如此一来茶师就必须弯着腰才能走进门来，以此显示谦卑的姿态。在进行茶道的过程中间，可能会提供一顿在样式和品质上都很精美的餐食，但聚会的中心始终是茶道本身。在进行茶道活动期间，茶师会以非常正式的规矩烧水、奉茶，客人则在旁边欣赏每一个操作的细节。客人可以欣赏茶具所采用的陶瓷的品质，随季节不同变换的插花或挂在壁龛里的卷轴，穿过拉门还可以看到外面花园中的部分光影。但大多数人都会为茶师理茶时的动作所吸引。这些动作干净利落，令人有一种正在欣赏剑舞的感觉。

在日本的政界，茶道有很重大的作用。在茶道聚会上，可以从来客处搜集信息，通过聚会确认政治上的支持，借助热心的支持者打造同盟关系，赠送昂贵的茶具作为礼物，以及进行许多其他活动。茶道的社会竞争本质也不应该被忽视。茶道区分了具有审美趣味的人和粗野的人，也区分了有耐心的人和焦躁的人。茶道所展示的自控力代表武士在战场上所具有的坚毅品质，能暴露出人在压力下会显示出的弱点。在茶道活动中，武士可修炼武艺所需要的意志，虽然不用刀剑，但却使用头脑，不需要用防守对抗挑战，但需要磨炼作为武士所应该具备的审美知识。

日本武士有一种稍微鲜为人知的爱好——蹴鞠（宫廷足球）。这种令人感到好奇的古代游戏跟武艺的修炼并没有多少关系，最初引进自中国，在奈良和平安时代的宫廷贵族中曾经非常流行。织田信长尤其喜欢蹴鞠，在他同时代人的传记中，曾经有好几次提到过这种游戏。这种游戏是非竞争性的，主要的内容是把球从一个人传给另外一个人，保持球始终不落地。游戏所用的球直径大约有8英寸（约20.32厘米），用鹿皮制成，里面填塞锯末。游戏的参与者数目不定，通常为2~8人。不能用手抓球。当一个玩家得到控球机会时，为了展示自己的技艺，只要愿意，他可以一遍又一遍地把球踢到半空中，同时每一次把球颠起来就喊一声"啊呀"的口号。随后，伴随着"啊哩"的喊声，踢球者传球给下一个人。蹴鞠在专门场地里举行，场地四周种有起标志场地范围作用的树木。平安时代的贵族会在他们花园的特定区域种树，这样就有了一块永久性的蹴鞠场。也有人用种在盆里的树木作为场地标志，这样可以根据玩球的人的数量灵活地调整场地的大小。用于标志场地的四棵树通常是一棵樱桃树、一棵枫树、一棵柳树和一棵松树。

　　当然，也有更简单的做法。更加精通文学的武士会写诗或者用诸如"猜香"或品茶之类的活动悠闲地打发时光。烈酒可以提供更猛烈的发泄方式，在城堡所在的集镇

第一章　武士的生活方式

锻炼意志

日本式武士训练的一个重要特点是，在实际的正式训练之外，非常强调精神的修养。一些武士家族非常重视这种心理训练，提倡通过玩围棋和将棋锻炼战略战术意识。对于低级武士和足轻来说，这是没什么用处的，所以他们并不正式地钻研棋类游戏。这一等级的人们也会学着玩，但他们有更世俗的目的：将围棋和将棋当成娱乐，有时，也当成一种获得额外收入的方式，跟那些愿意为胜负出钱的人赌输赢。

不同的武士家族因背景不同，所重视的训练内容往往也不同。某些武士认为拥有很多16世纪的大宅子算不上贵族气派，并不意味着出身高贵（通常，他们是从低等级家族晋升到上流社会的），很显然，他们的世界观跟那些旧贵族是不同的。

传统的世家贵族欣赏艺术，鼓励他们的家臣娴熟于此道。这些活动包括下棋、作诗、演奏乐器等。新近崛起的武士家族通常鄙视这些"萎靡堕落"的娱乐，喜欢进行严苛的武艺练习和修行。这些家族的领主一旦发现武士赌博、看戏或者参加其他类似的"浪费时间"的活动，经常会对他们实施严酷的惩罚，从特权等级的降低或剥夺到最严重的死刑都有可能。在不同家族的家规（由大名发布的用于管理其家族的日常规则）中，可以清楚地看出这种区别来。有的家规强调文艺的重要性，有的家规强调武艺的重要性。

家规中也会出现很多显然矛盾的地方，这是很引人注目的。比如有条文称"家族成员不能玩围棋或看戏，也不能学吹笛子或写诗"，又有条文称"人人都应学习书法，因为书法有益于提高人的修养"。

《叶隐闻书》是一本有关锅岛家族轶事和言论的文集。该书不赞成文艺和武艺兼修的观点，在这个问题上表现得比较功利：

常言道"文艺有益于体魄"是相对于其他地区的武士而言。对于锅岛家的武士来说，文艺只会造成肉体的毁灭。不管什么人，修习文艺就成了艺术家，而不是武士……

上有很多小酒馆。妓女也很常见，对于有时会离家数百里的武士来说，狎妓是一种受欢迎的放松方式。

信仰和精神寄托：神道教、家族和神圣的战争

武士成长在一个宗教十分流行的世界。在战争开始前，他们会进行祈祷。他们的旗帜上有战神的咒符，据说战神会帮助正义的一方。1592—1598年侵略朝鲜期间日本所取得的几次胜利，就被日本人归于超自然力量的干预。如果作战失利，则将败绩归于神的愤怒。

前面曾经提及，禅宗佛教对于茶道有很大的影响，但佛教只是几个世纪以来将日本人融会为一体、"塑造日本文明的五种传统文化"（神道教、佛教、儒家思想、道教和日本民间宗教）的一个方面。除了各种宗教的影响，日本人还受到很多不同的传统文化的影响。而基督教是一个例外，日本基督教由圣方济各·沙勿略在1549年引入日本，但日本人对于基督教的排他性有些不满意。众所周知，日本人愿意接受不同的文化，因此日本的宗教非常多。这些宗教在日本民间都有对应的仪式作为坚实的基础，跟日本人的传统生活方式并不违和。种植水稻有仪式，收割也有仪式，其他一些活动也有自己的仪式。生活

三个基督教牧师划船秘密登陆，去给日本基督徒布道。根据1614年德川家康的命令，所有外国牧师均被赶出了日本。

在这种环境中的日本武士，尤其是那些在部分时间仍然参加农业生产的武士，对于季节的轮转感悟甚深，始终跟他们的宗教的基础保持着密切的联系。

神道教是19世纪以来对日本本土宗教信仰的特定称谓，这一宗教以对大量日本神灵的崇拜为中心，这些神灵的雕像被放置在神龛里，在具有日本特色的鸟居（牌坊）出入口很容易就能看到。历史上，日本人对于神道教的神的性质缺乏清楚的概念，这种模糊性可能更接近神的本质，日本人的这种观念跟西方思维是完全相反的。有些神，无论如何，是非常难以定义的。应神天皇是日本3世纪的统治者，作为战神，被供奉于八幡神社，对他的崇拜跟对源氏的崇拜有密切的关系。

武士会周期性地去寺庙或神社参与宗教性的服务活动。相反，现在的日本人只在需要做祈祷时才去拜访神社，比如祈求结束战争之类。1560年织田信长出发去进行后来获得胜利的桶狭间合战前，写了一份祈求胜利的祷告词，将其送到了接近今天名古屋的热田神宫，以祈求神灵在即将到来的战役中帮助自己。如果神灵帮助了祈求者，就会得到一些回报，但祈求者因为没有得到希望的胜利而烧毁神社的案例也不是没有。

在6世纪，佛教经过中国传播到了日本。这是一个完全不同的宗教体系，但神道教和佛教后来融合到了一起，以至于到了战国时代日本武士已经认为这两者之间没有什么区别，它们跟其他文化一起共同打造着日本文明。例如，日本的神道教追求纯洁，日本人因此竭力避免会冒犯神灵的污秽。在战争中出现战死者的情况下，需要神道教净化战场，例如1555年的宫岛之战发生在一个岛屿上，日本人就将整座岛屿当成一个神社。然而，武士的葬礼是按照佛教仪式在家庙中举行的。

在武士主政的时代，日本佛教中存在许多不同的宗派，虽然今天的主流宗教是禅宗，但战国时代的武士很可能属于另外一个宗派。而平安时代开始兴盛的天台宗和真言宗采用了很多密宗的做法。他们的僧侣会进行艰苦的山顶朝圣，在寺庙里举行漫长神秘的宗教仪式。他们教义的中心是各自对于比睿山和高野山的崇拜，与此相关的不是武士而是僧兵。

净土宗和净土真宗[1]的平民主义者又一次将宗教和军事活动联系起来，在武士阶层有成千上万的信众。借助于传统的跟武士家族的集体自卫有关的组织方式"一揆"[2]，净土真宗吸引了很多低等级的武士信众，既然武士同时是大名们的家臣，这必然导致严重的利益冲突。典型的案例如16世纪60年代初期青年德川家康所面临的情

[1] "净土真宗"即"一向宗"，属于净土宗的支流。——译者注
[2] 一揆：按字面意义为"团结一致"，原指民众结社在神明面前发誓团结一心，泛指人民起义。——译者注

热田神宫，日本天皇家族三大神器之一的草薙剑（天丛云剑）的传统放置地点。（Firebottle/Flickr）

况。当时三河国的净土真宗已经成为德川家康最大的竞争对手之一，而他的几个家臣同时是净土真宗的信众。他们宗奉作为一个佛教宗派的净土真宗，跟所在的佛教社区存在着各种关系。在领主和净土真宗出现武装冲突问题时，这种人的处境就很尴尬。例如，在记载德川氏先人轶事的《三河后风土记》中，讲到过一件发生在1564年的小豆坂之战期间的故事：

> 土屋长吉已经加入净土真宗的僧兵部队，但当他看到自己原来的领主[1] 情势不妙时，就朝自己的同伴喊道："我们的主公人手不多，处于危急关头。就算未来要堕入最糟糕的地狱，我亦不能举枪相向！"他随即转身，勇猛地与自己的同伴厮杀，直至战死。

日莲宗的信徒有几个著名的武士，其中包括加藤清正（1562—1611年），加藤清正的军旗上即有日莲宗的标志。日莲宗，以其创始人的法名命名，表现出某种跟净土真宗的一向一揆式的狂热。相对来说，禅宗给人的印象是超然于世的，满足于内在的洞悟。超然避世这一倾向，显然跟那些即将上阵厮杀，可能一去不回的武士的思想有

---

[1] 即德川家康。——译者注

明显的共鸣。值得注意的是，禅宗对武士的其他影响体现为对于茶道和园林的爱好。茶道也受到过中国道教的影响，强调做事情的"道"，这是一个对于理解日本武士的武德（后来被表述为所谓的武士道）非常重要的概念。

儒家、禅宗和刀

儒家学说和禅宗佛教一样，是武士精神世界的主要哲学基础。德川幕府最终采用了儒家伦理作为规范武士主仆关系的理想手段。儒家强调一个各安其位的等级社会。在儒家思想家看来，好的政府应以美德和榜样为基础，而不是纯粹的军事强大。儒家提倡"忠""孝"的道德原则，这些都是武士理想人格的基础。儒家的某些学者对行动而且将不假思索的行动放在首位的强调，也对武士产生了重大的影响。这使武士的行为具有狂热的特点，在日本走向现代的过渡阶段，对武士影响很大。

将儒家学说与剑术相结合的方法是，强调战斗的道德意义，将剑术所要求的勇猛素质与武士须要服侍家主的义务联系在一起。在此，儒家思想还遇到另外一个对武士有重大影响的哲学思想的竞争：自我否定的禅宗。禅宗将剑术跟实现佛教的觉悟目标直接联系在一起，目标指向无我之境。通过锻炼，将自我和武器融为一体，剑士逐渐达

净土真宗

另外一种武士传统来自日本僧兵。"僧兵"一词最初是用于指代970年以后比睿山和奈良的庙宇所组织的寺庙军。跟武士不同，僧兵的效忠对象不是天皇、家族领袖或大名，而是所属的寺庙或者所属佛教宗派的特定宗主。最有名的僧兵是源义经的僧兵武藏坊弁庆，他曾与其家主一起参加了发生在12世纪80年代的一之谷之战、屋岛之战和坛之浦之战。

不过，到了战国时代，僧兵最初往往曾经加入过其他军队，他们效忠于一个神圣的权威而非世俗的君主，也就是被称为"一向宗"（"一心一意派"的意思）的净土真宗的武装。实行平民主义的净土真宗社区跟僧兵服务的寺庙社区非常不同，将净土真宗的武装修道者说成"僧侣武士"在某种程度上是一种误导。在受戒僧侣的领导下，他们的修炼且居住在一起吸引了很多人，其中包括武士、农民和城镇居民。净土真宗由亲鸾法师（1173—1262年）创立。通过清除僧俗二元性，重新强调精神上平等的重要性，亲鸾的布道导致了日本的佛教革命。

从战国时代早期开始，这些主要由农民组成的武装佛教军队，作为日本政治圈的第三方力量，在很长一个时期里使织田信长感到仿佛芒刺在背。15世纪末，佛教军在加贺国的势力非常强大，以至于推翻了当地大名的政权，由此统治加贺国将近百年。他们的"要塞式的大庙"位于长岛寺和石山本愿寺，不亚于任何武士的城堡，后来曾经历过日本历史上最漫长的围城战。那是一场漫长而激烈的战役，目标是一座位于迷宫般的苇丛河床和山溪间的最新式大型城堡建筑。净土真宗有强大的盟友，在毛利氏的帮助下，大量补给品和火绳枪不断从海路运输而来。长岛的附属要塞也坚守了多年，最终相继失守。织田信长派人将干灌木堆在要塞的外墙上，将防守者全都烧死了。

被大大削弱的净土真宗后来虽然站在丰臣秀吉一边作战，但始终未

图中所绘系1574年织田信长组织的围攻净土真宗的石山本愿寺的漫长战役进入高潮的场面。当时主要的防守设施沼泽和苇丛河床地带已经被攻破，由成堆木材所释放出的火焰开始吞噬石山本愿寺的外墙。从图上看，该寺的护栏、围墙和瞭望塔主要都是木质结构。（版权归鱼鹰出版社的彼得·丹尼斯所有）

能恢复从前的政治势力。1602年，德川家康最终一劳永逸地解决了净土真宗的问题。他为净土真宗建了一座新的首寺，跟1591年由丰臣秀吉建的那一座相竞争。此后，净土真宗仍旧是一个强大的宗教组织，但是不能再像过去那样组织起强大的武装。

到"空"的境界。"空"是所有禅宗修炼的目标。

禅宗思想家在禅和剑术之间建立了很多关系。事实上，剑术本来并没有自己的哲学理论系统，正因为如此，儒家和禅宗才能将古代中国的古典思想融注其中，共同汇聚为所谓的"剑道"，以及运用剑道的"武士道"。

历史记忆和祖先

在武士社会，通过对祖先的崇拜，武士家族的社会关系结构被扩展到包含已逝的死者。借助一系列设计用来让祖先在未来一段时间内感到平静和满意的仪式，家族的延续性得到了保障。武士非常仰慕祖先在战场上的英勇业绩，这样的先辈往往成为武士的榜样，激励武士们努力奋斗。

不过，在早期日本，对待死者的态度是既恐惧又崇拜的。尸体是主要的不洁来源，需要按照神道教的仪式进行净化，但死者的灵魂也是可怕的，因为它可能仍旧在活人的世界里徘徊。死者的灵魂是受尊敬的，在某种程度上也是任人摆布的，为了成为祖神，他们必须进行一段旅程。这一过程中所采用的仪式是佛教性质的，可以概述为如下情形：死灵（最近死掉的人的灵魂）会变成佛（觉悟者）。经过若干年的过渡，祖先最终变成神灵，成为各自所在地区的公共神的一部分。这些祖神在这片土地上是永生的，仍然继续为这片土地，以及他的武士家族的繁荣做贡献。一般认为，这种工作始终会持续下去，只要有关祖先的历史记忆仍然存在。如果这种历史记忆被淡忘了，祖神就会成为民间的公共神。然而，还有一种流浪的灵魂（跟佛没有关系），他们要么是没有子孙崇拜，要么是暴力死亡或早夭的牺牲品，因而仍旧"对他们在其中死亡的世界怀有某种强烈的感情"。这类灵魂往往来自于战场上被屠杀的武士，成为众多鬼故事和能剧故事的来源，武士们喜欢带着恐惧的心理欣赏这类故事和表演。

武士道

　　"武士道"一词的构词结构跟"神道"一词类似，意思是武士的行为处事规则。这两个词的出现有某种奇特的类似性。引进"神道"一词，在19世纪的日本，系用来指称一些几百年来已经存在的事物，原因是到了一个需要将这些事物跟其他一些别的东西相区别的时代。这个词究竟是在佛教传入日本时代产生的，还是在明治政府的创立者试图寻求一种新的意识形态的时代产生的呢？学者对此意见不一。对于"武士道"一词的产生，存在着类似的困惑。迟至1905年，《武士道：日本人的精神》一书出版，该书由日本人新渡户稻造用英文撰写。[1]在"武士道"一词的创造、发展和传播过程中，没有任何其他事件能比这本书的出版更为重要。该书英文版的副标题为"日本人思想的介绍"，其普遍被视为一本经典之作。该书反复再版，被翻译成多种语言出版，在西方和与日本类似的地区，有着众多读者。在创造和向外部世界传播武士道精神方面，从没有哪一本书像该书一样影响深远。

《武士道：日本人的精神》是一部令人感到好奇的作品。该书的作者生于1862年，但并未经历明治维新之际的动乱，最初所受学校教育使用的语言是英语，后来信仰了基督教，并且毕生坚持该种信仰。新渡户稻造一度在北海道与世隔绝。结果是产生了一位具有较高文学水平、热衷于国际文化传播的学者。他对于英国公共学校派（通常称为"强身派基督教"）的西式教育思想的精深程度，恰好跟他在日本传统文化方面令人惊讶的无知相匹敌。但这并不影响他写出一本在日本国外成为国际畅销书且成为日本右翼思想基础的图书。虽然他宁愿承认自己对于一些重要的日本传统文化，比如禅宗的无知（"直到最近我才理解了它……"）。新渡户稻造的书，是一种武士神话和《汤姆·布朗的求学时代》的奇怪混合体，但却被当成武

---

[1] 通常认为该书的出版时间为1900年。——译者注

真实的武士道并不主张盲目地寻求死亡，更加强调的是主从关系，如这幅松山城中的画轴所示。

士道的圣经。

新渡户稻造认为，武士道主要包括七种可以用于确认武士身份的重要德行：义、勇、仁、礼、诚、名、忠。神道教的官方历史评论家也有这样的想法，他们乐于认可现有神灵崇拜的悠久历史，所以也不得不承认所有这些德行系出现在明治维新前的日本。[1]

所有这些实际上都是光辉的理想化概念。这些道德名词，最初往往被写成字幅，用于装饰大名们城堡的大堂，潜移默化地对那些挥刀弄枪的武士进行影响，使之在德川幕府时代渐渐浸染上挥毫泼墨的文士气。新渡户稻造的超越之处在于将"武士的行为准则"概括为"武士道"这个词。新渡户稻造将武士道描述成一种跟武士相联系的历史悠久的文化，在他的描述中，武士就像西方的医生发誓遵守希波克拉底誓约一样发誓遵守武士道。新渡户稻造的书如此畅销，以至于很多人对这种说法信以为真，但他的另外一种错误说法——武士道在现代已经变成"日本人的精神"——弄假成真，成了一种日本人自我实现的预言。在一个迅速发生变化、积极寻求基本价值观重建的社会，新渡户稻造的说法正是20世纪早期日本人想要听到的东西。

在新渡户稻造之前，有很多对于同类事物的各种表

---

[1] 原因可能是神道教的很多神灵其实是古代死去的武士。——译者注

达——都指代的是武士的行为准则——见诸各种日本文学作品，比如"士道"和"武道"。但是在"武士道"这一词出现前，对应的这一套观念始终被当成泛泛之谈，在这一词出现后才被所有人接受为一种正式的思想体系。不过，新渡户稻造书中的一条阐释是很清楚的：武士道较少关注单独的武士，而更重视武士和其他人的关系，其中最重要的是武士和他的主人的关系。能说明这种关系的最好案例之一来自鸟居元忠。他曾无比英勇地为德川家康守卫伏见城，在1600年伏见城陷落之前，他写了最后一封信给他的儿子：

> 对我来说，我决心留守城堡，以求速死。打破敌人的防御逃跑并不困难……但那样做是不符合作为武士的身份的。逃跑很难被说成是忠诚……在敌人面前表现出自己的软弱不是德川家的传统。即使在不特别重要的情况下，被羞辱或者避死，并不符合所谓的武士道。不用说，不惜为主人牺牲自己的生命是永恒不变的原则。

鸟居元忠认为他的行为是出于德川家武士服役的传统，而不是受所谓武士道的驱使。接着，他继续提醒他的儿子不要忘记自己的家族和德川家的关系，也就是家主的

"仁"和他的家族所受到的"赏赐"。实际上，这些正是决定了他的行为的关键，而不是那些抽象的哲学原则。

鸟居元忠的家主则认可自己对于家臣有给予"仁"的义务，这从第一任德川将军留给他的家臣的命令文书中可以看得出来。《东照宫御遗训》实际上是德川家康的誓书，第一次公开发布是在他的孙子德川家光（也就是第三任德川将军）统治时期。在文本上，令人感到奇怪地充满中国式的天命观，声言德川家康的统治日本系出于天命，但如果这一统治实行得不够好，天命就会被收回。对于德川家康来说，武士道是很久以来就一直存在的，从幕府将军清除邪恶力量的时代就有的事物。"忠"是对于自我的内在价值追求，而作为领袖则回报以"仁"，这是和谐而公正的统治所应该具有的特质。在日本帝国的徽章上，对武士道的三种主要德行有令外人感到奇怪的和谐的形象性展示：镜子象征"智"，剑象征"仁"，玉石象征"诚"。

武艺

日本武士作为一种军人，将其大多数时间用于提高自己在战斗中的厮杀技巧。这些武艺逐渐发展成为现代日本的各种武术形式，比如，剑术变成了现代的剑道。在

使用武士刀单挑，是武士的理想作战方式，但那并不是经常采用的作战方式，即使是在战时。

战国时代，剑术学校开始发展起来。这些学校由被称为"师匠"的专业人士领导，在日语里，这个词在某种程度上接近于"主公"，包含着巨大的崇敬意味。

多少世纪以来，围绕日本的武术界，产生了很多神话般的传说，为这一领域增添了很多神秘性。这也使得这一领域的师徒传承变得愈发充满紧张神秘的韵味。《叶隐闻书》的作者认为，在17世纪末期即开始出现这种倾向。他曾记载，一位濒死的师傅告诉他最好的弟子：

> 我已经把我所有的秘诀都告诉了你，现在我没有什么可以嘱咐你的了。如果你不想辜负我对你的教导，你应该每天发奋，多用竹剑练习。剑术的高超不仅仅是秘诀的问题。

无论多么厉害的师傅，都会遇到一种不可避免的情况：日常练习中几乎不可能使用像武士刀那样的致命武器。对打的弟子所造成的任何轻微的失误，都可能导致死伤，为此发展出了各种教学方法。通常的做法是让学习热情很高的弟子学习基本的技巧。如果只是自己练习，可以使用真正的刀剑。弟子慢慢地练习成套剑术，跟对手打斗时使用没有开刃的钝剑。最后一个阶段才使用真正的有刃武器。

第一阶段学习的一种变易方式是素振，即一种反复朝想象中的对手抡剑的练习方式。素振类似于拳击训练中的空拳练习，但素振有其实用价值，可以使武士获得使用真正武器的平衡感，并锻炼自己的肌肉。学生也可以进行剑道形练习。这是一种在今天日本武术道场仍然可以看到的练习方式，即准确地按照规定的方式演练运剑的动作和姿态。练习剑道形时也可以和其他人合作进行。在这种情况下，每个人都知道对方接下来要进行的动作，所以可以选择使用真正的武士刀。像素振一样，反反复复地练习剑道形会让人感到厌烦，所以需要学生们具有极大的耐心。不过，在战国时代，比赛的奖品并不是金奖章，而是在比赛场上幸存下来，以及完成对大名尽责的单纯目标。从理论上来说，这便是武士全部的人生意义。

使用替代真武器的假武器可以让打斗者获得一定的实战经验。练习枪术时，武士使用一种特殊的长矛，这种练习用武器的末端有一个绑着垫子的圆头。在剑术对打练习时则使用木刀。木刀是一种用木头做的练习刀，形状上跟真的武士刀造得完全一样，重量也跟真正的武士刀相仿。为抵消钢铁所具有的更高密度的优势，当时的木刀的刀刃被造得有1英寸（约2.54厘米）厚，实际上跟现在在合气道道场使用的木刀类似。武士在使用木刀打斗时，不会穿戴防护盔甲，露着脸，衣袖上也不做防护。结

获得高超的剑术需要在道场上使用真正的武士刀、无刃钝刀或练习木刀进行不计其数的练习，图中一位师傅正在帮弟子提高剑术。他们都穿着练功用的和服和裙裤，但学生把和服的袖子绑在了身后，发髻的样式属于所谓的"茶筅"头。在他们身后的角落里，有一个学生的头上缠着绷带。看来，使用练习用武器也能造成很严重的伤害。（版权归鱼鹰出版社的安格斯·麦克布莱德所有）

果是，即使能避免致命伤和残疾，也经常发生严重的伤害，有时是重度挫伤，偶尔还会发生肢体折断。

16世纪末，引进了一种被称为竹刀的新式练习用武器。这种武器使得格斗练习变得更加友好。最初的竹刀，跟现代使用的竹刀已经大体类似，由很多捆扎在一起的薄竹片组成。如果穿戴某种形式的防护装甲，轻型竹刀的打击能将武士前臂所发出的全部力量传递过去，因此使得武士能够进行所谓的"完全对抗性剑术"练习，进行更真实的实战模拟。这种练习方法由上泉信纲师傅引进，第一次使用是在他跟柳生宗严的决斗中。一个世纪后，大约在1711—1714年，开始在武术练习中采用类似现代剑道运动使用的护甲保护脸部和胳膊。但是在严肃的比赛中，双方通常不使用竹刀和护甲，而采用木刀。战国时代的武士剑客不仅剑术高超，性格也非常坚强，因此一点小擦伤根本不在话下。第三阶段使用的钝剑会造成更多身体上的伤害。

在两个相互敌视的武士进行决斗时，也可以使用木刀，在他们互换过不问生死的文书后，就可以使用这种被认可的练习刀具开始决斗。在某些较量中，格斗者会在对方实际上被打倒前，采用木刀击打的方式攻击对方，为自己的胜利"加分"。这种技巧，在使用武士刀阶段练习中也会采用。说某人的击打技术好，尤其是在激烈的比赛中，是一个剑手所能得到的最高的赞赏。不过，要达到较高水平通常是很困难的，同时，在电光石火的一瞬间，通常很难判断到底是谁发出了决定性的击打，获得了胜利。在电影《七武士》中有一段很著名的情节，可以说明这一点。剑客柳生三严遭遇到的一个偶然事件引发了一场决斗。初次较量中被打败的武士不肯认输，让柳生使用真刀跟自己再次决斗。他的对手柳生，自信功夫更高一筹，不愿意接受这种条件，直到对方用言语刺激他，才同意下来。在再次决斗过程中，自负的武士被柳生杀死，至此柳生高超的剑术显露无遗。

学习击打技巧无疑是剑手格斗训练最后阶段使用真刀时唯一可以接受的"全面接触"形式。17世纪时，宫本武藏使击打技巧达到了完善程度。这个人是一个持真刀运用击打技巧的高手。日本民间有很多有关他的故事。其中一个故事说到，他挥动太刀的水平已经出神入化。在一个人额头上放一粒大米，武藏挥刀砍掉大米，绝不会刮破那人额头的一丝油皮。这种自我控制能力无疑建立在剑客所具有的技巧的基础之上，但对于某些人来说，在战国时代，使用假刀进行的剑术训练造成了一些非常奇怪且让人

（右图）属于武士阶层的女人也接受武术训练，以便在需要的时候保护自己和家人。在这幅画中，我们可以看到两名穿着江户时代服装的日本女人正在用木刀做剑术练习。木刀是武士所使用的一种笨重的木制武士刀，用于进行所谓的搏击训练。

宫本武藏（1584—1645年）

　　作为一位大师级剑客的典范人物，宫本武藏在我们看来是有些奇特的。宫本武藏是一个浪人（流亡武士）、专业剑客，曾经花了很多年时间在外流浪，与人决斗。这个人的真实情况已经跟有关他的传奇故事混杂在一起，以至于现代人已经很难将真实的他跟有关他的传说清楚地分开，不过，据信他曾经在60次单挑中每战必胜，以擅长二刀流而闻名。所谓二刀流就是在格斗时同时使用太刀和更短一些的胁差刀。宫本武藏是一个非常独特的人物，他个性孤僻，迷恋武道，剑术与众不同，备受推崇，与此同时也招致了很多人的畏惧和厌恶。他的生活包括一系列流浪、为不同大名所做的短期服役、众多的决斗，与此同时，宫本武藏对于剑术的哲学性视野不断地深化，最终以《五轮书》的形式呈现出来。在辞世前不久，武藏完成了该书的写作。宫本武藏对以剑道为中心的文学作品的发展贡献甚大。他还是一个技法娴熟的画家和书法家，他所绘制的水墨画被认为是具有日本禅宗精神的绘画的典范。宫本武藏亦以其剑术和艺术方面的成就，受到其同时代人的推崇。

（右图）这幅卷轴来自日本熊本的岛田美术馆，展示了著名的宫本武藏的尊容。画中的武藏以具有个人特色的姿态站立，双手各持一把武士刀。武藏一向以能够同时使用一把太刀、一把胁差的二刀流而闻名。

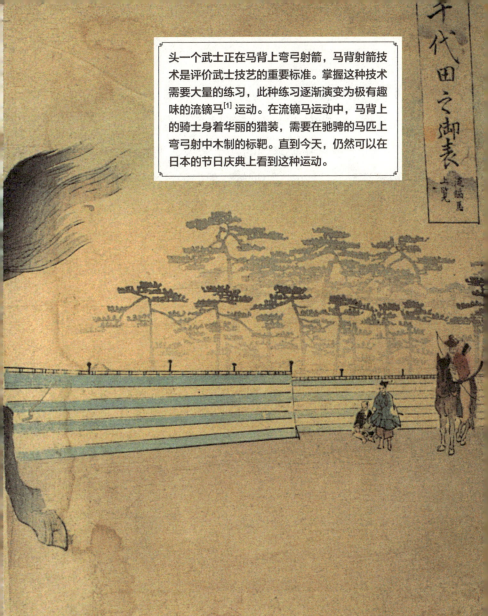

头一个武士正在马背上弯弓射箭，马背射箭技术是评价武士技艺的重要标准。掌握这种技术需要大量的练习，此种练习逐渐演变为极有趣味的流镝马[1]运动。在流镝马运动中，马背上的骑士身着华丽的猎装，需要在驰骋的马匹上弯弓射中木制的标靶。直到今天，仍然可以在日本的节日庆典上看到这种运动。

---

[1] 在古代日本，将领在作战时往往披挂严密的甲胄，只有咽喉部位稍有空隙。对战时，会有武士快马接近敌军将领，在飞驰中用飞箭射击敌军将领的咽喉部位，将之一箭毙命。这种攻击方法要求相当高超的箭术和马术水平，后演变为流镝马运动。——译者注

不满意的比赛。需要让学生不断获得进步，但还得尽量避免死伤，这确实让师傅们感到左右为难。

对于进行初期修炼的武士来说，娴熟于使用真刀的招式练习是最好的入门训练，他们的精神和身体在这个过程中不断深化对于剑术的感觉，这正是有经验的师傅们所期待的。武士们想要在真实的条件下练习剑术，是有一个方法的。这种训练的完成需要借助对犯人执行死刑来实施。在《叶隐闻书》中，山本常朝记录道："去年我曾去斩首执行场练习斩首，感觉非常不错。"根据他的说法，当时的流行做法要求所有年轻武士到了15岁左右，就实习斩首，甚至在5岁时就训练他们用刀杀狗。稍微宽容的训练方法是用刀斩成捆的竹子或榻榻米。

上述剑术技巧有一个假设的前提条件，即两个对手都拔出了刀，堂堂正正地彼此面对，保持着安全的格斗距离。不过，还有另外一种格斗技巧，强调拔刀的技巧和一击必中。这种格斗技巧被称为居合，训练时会反反复复练习一系列动作，以便让武士能够以迅猛的动作从刀鞘中拔出武士刀，给予对手致命一击。

射箭练习可以跟目标保持更灵活的距离，更容易取得类似于真实作战状况的条件。武士会在靶场花甚多时间练习射箭和火枪射击。骑射技能可以通过流镝马练习来加以提升。进行这种练习时，箭手需要身穿色彩鲜艳的服饰。这种训练至今仍然会出现在日本神社的节日庆典上。身穿猎装的武士，将在腾跃的骏马上朝一个小木靶子射箭。传统上，日本武士更重视弓箭而轻视火器。例如，北条氏的军队是擅长运用火器的。1590年，在与丰臣秀吉的大军对战时，北条氏的军兵曾因使用火器遭到丰臣家的人的嘲笑。

马上使用长枪的技术肯定也需要修习，但在现代有关这方面的资料已经无从查考。最接近马术训练的武术形式显然是击鞠。这是一种日本式的马球，而且据说在中亚地区有同样的原始运动形式。玩击鞠时，参与者分成两队，每队5个骑手。场上只设置一根球门柱，当其中一个队投中一球时，就在球门柱上升起一面红色的或白色的旗帜。当投中12个球时，游戏结束。击鞠在奈良时代十分流行，但进入德川吉宗（1684—1751年）将军统治时期，击鞠运动开始衰落，因为这位将军热衷于武术。玩击鞠时，球员手持一根末端有网的长杆，击球动作更像是打曲棍球，而不是打现代西式马球，但进行这种运动显然对于训练武士的骑术有好处。

京都时代祭庆典中，一个身披彩色盔甲、佩带双刀的活动参与者。（Danita Delimont/Gallo Images/Getty Images）

第二章

武器和盔甲

ARMS AND ARMOUR

武士的兵器

日本武士和他们所使用的传统武器都很有名，这在历史上世界各国、各民族的军人中，可以说是唯一的案例。廓尔喀人以他们使用的反曲刀闻名，维京人以他们使用的宽刃斧闻名，但从没有什么军人集团及其武器像日本武士和武士刀这样有名。武士刀由技艺高超的师傅以至今欧洲人仍旧无法企及的特定的冶金技术锻造而成，是一种致命的武器，也是武士最宝贵的财产，按照德川家康的说法，不啻是"武士的灵魂"。

但实际上，日本武士刀在历史上所受到的重视程度并不是很高。在武士世界的严酷现实中发现这一点，确实有些令人警醒。所有武士都配备武士刀，能够娴熟地使用它们，但是在参加战争时，没有人会光使用武士刀一种武器。并不是所有武士刀都具有达到传统标准的令人信服的质量。据说，经常有武士刀折断的情况出现，如果武士刀卡在对手的身体里无法拔出来，使用这种刀的武士就会陷入很不利的境地。根据历史记载，曾有武士为了从敌人的尸体上拔出自己的武士刀而进行祈祷的情况发生。在《平家物语》中很少专门提到剑术。相反，作战时使用武士刀只是阶段性的事情，最开始使用弓箭，然后换到武士刀，接下来是匕首，最后通常是徒手搏斗。

在日本武士传统的形成期，最重要的武器是弓箭。在最早期的对于武士的生活进行描写的战争编年史和史诗中，从没有提到过武士刀。相反，经常被提到的是"弓马骑射"。

最早的日本武士是弓骑手，借助射箭技术搭弓放箭。这种技艺需要不断地练习，逐渐发展成为有趣的流镝马运动。在进行流镝马运动时，射手需要骑在奔驰的骏马上，朝木制标靶射箭。

根据历史记录，我们可以清楚地看到用日本长弓发射出来的箭究竟具有何种威力。避开头盔顶部和面具、直接命中眼睛的箭当然是致命的，但更常见的情况是武士在身中多箭后伤重而死。这主要是因为武士身上的盔甲将箭卡住了。在日本版画上，经常可以看到濒临死亡的武士浑身插满了箭，好像豪猪一样，但还是在地上挣扎爬行，这并不是夸张。14世纪中后期的南北朝战争期间，今川氏的一名武士挨了20箭才最终毙命。只有在所有箭都用光的情况下，弓骑兵才会变成使用武士刀的剑士。

这幅生动的绘画表现的是武田信玄打的一场胜仗。在上面，我们可以看到日本武士在马背上使用长矛的精彩场面。这名骑士用他的长矛刺穿了两个敌人。在后面熊熊燃烧的是小田井城。

战国时代，日本武士的弓系采用表面覆竹的落叶树木材制成。外缠藤条，以少量黏胶强固，将不同部分固定在一起，全弓刷漆以防潮。箭系用竹子制成。箭尾搭弦的弧口在用于强化箭杆的节点后方，配有三根箭羽。弓弦为植物纤维材料，通常是大麻、苎麻，为获得光滑的表面，上面通常涂抹石蜡，在某些情况下，长弓需要不止一个人才能上弓弦。射箭时，射手把弓举到头顶，以免受到马匹干扰，然后两手分开，直到左臂伸直，右手抵达接近右耳的位置。食指负责扣住弓弦，松开食指，箭就会射出去，此时，握在左手上的弓会发生旋转，直到弓弦碰到持弓臂的外侧。

随着时间的流逝，另一个原因开始妨碍武士仅担当纯粹的剑手，而不以其他方式作战。军队的规模不断增长，足轻必须配备大名可以负担得起的最好的武器。大量装备不可避免地使得武器的质量有所降低，这导致了大名们开始议论，如果能用买一把高档武士刀的价钱买到一千根长矛，那就应该为足轻们装备长矛。但当时足轻的武库中只有长矛一种武器。后来，步兵武士也装备了弓箭，从而永久性地破坏了武士的精英弓骑手形象。

到了战国时代，以弓骑兵身份参战的武士已经仅限于那些能够在马背上做娴熟骑射的神射手。作战中仍然很需要这个兵种，因为可用于替代弓箭的射击武器——火绳枪，在马上操作不便。我们知道，16世纪中叶，火绳枪已经被引入日本，但使用范围很有限。

骑马武士所使用的长矛不同于欧洲骑士所使用的长矛，其重量更轻，长度更短，而且不是在一个固定的位置夹持。这种长矛的矛刃较短，每一边都很锋利，基座安装在结实的橡木棍上。这种结构使得日本长矛不适合用于劈砍，而适于刺戳——最适合在马鞍上使用的技巧。此外，还有一种十字形矛刃的变异类型。武士可以用这种长矛钩住敌人，将敌人从马上拉下来。如果武士想在马背上朝敌人劈砍，最好的选择不是使用长矛，而是使用薙刀或大型的野太刀。野太刀是一种配有非常结实且很长的刀柄的超长武士刀。在不穿盔甲的情况下，长矛是武士的首选作战武器，有一整套的武道技巧用于教授武士如何在那种情况下正确使用长矛。

讲完长矛，接下来我们就要说说著名的日本武士刀。有关这种传奇性武器的描述已经有很多，比如师傅和徒弟之间如何传承这种武器的打造方法，以及这种武器的打造方法是如何复杂和巧妙等。武士刀具有非常大的审美价值，但对于战国时期的武士来说，功能远比形式更重要。质量最好的武士刀，经后期工艺处理后，呈现出华美的外观，经常被当成送给重要武士的礼物。在按照需求双手运用这种武器作战的情况下，它们表现出完美的平衡性。武士从来不使用盾牌。

作为对于盾牌的替代，标准的武士刀——太刀——既是刀，又是盾。这种武器有很好的弹性，可以通过用刀的侧面将敌人的武士刀击打到一边的方法化解针对武士的攻击，然后是对敌人的回敬。这种武器锋利的边缘好像剃刀一样，刀身具有必需的柔韧性，可以很好地缓解跟敌人的刀剑发生撞击时产生的冲击力。刀刃上的波纹表明它是由两部分经加工结合为一体的。

太刀刀身可以被安装在丝线缠绕、鲨鱼皮衬垫的木制手柄上。刀鞘会被刷上油漆，通常装饰得非常华美，完成时再加装上非常好看的雕花铁护手以及其他装饰品。除了佩带太刀，武士还会佩带一把跟太刀成对的短刀——胁差，佩带大小对刀是武士身份的象征，也是武士的特权。有时，武士会在披挂盔甲的同时佩带大小对刀，但更常见的情形是，刀刃朝下挂在剑带上，同时带一把替代胁差的短刀。

薙刀是一种长柄武器，在13世纪甚至更早时代的很

（右图）由国吉喜一所绘的这幅图画，表现的是1561年武田家步兵在川中岛合战期间进行第四场战斗的场面。他们是山本勘助的家臣。作为此次作战计划的制定者，山本勘助在意识到自己计划失误，武田军即将面临某种失败后自杀。绘画戏剧性地采用了富士山作为背景，使得这一悲剧性场面的气氛被衬托得越发强烈。后来的事实证明，在此次战斗中，武田军最终取胜，山本勘助的自杀本来是不必要的。

行进中的足轻，可见到他们装备着带护套的火枪和薙刀。

多绘画中开始大量出现。其现在变得非常有名，可能是因为在传统上它们属于女人用的武器。在日本古代文献中，和弓箭一样，在提及薙刀时，它们通常属于为武士阶层的女人所携带的武器。薙刀也被描述为古代日本最著名的女战士巴御前[1] 所使用的武器，虽然根据记载了她参加的最后一场战争的《平家物语》的说法，她的主要作战成就是依靠弓箭和武士刀取得的。此位女将是源平争霸时代属于源家的木曾义仲的二夫人，曾陪着夫君一起转战过很多战役。在有关战国时代的文献中，描写女人使用薙刀作战的内容更加常见。与《平家物语》的文学性表述不同，这些文献应该被当成真实的历史记载。毫无疑问，在德川幕府时代，掌握薙刀的使用方法已经成为武士阶层妇女的普遍追求。

薙刀的形制在武士刀和长矛之间，其刀刃带有弧度，而不是直的。薙刀和长矛的主要区别在于薙刀刃下面有一个椭圆形的护挡，这使得相对于刺戳，薙刀更容易用于防守劈砍。这种弧形刀刃最终缩小为一个非常锋利的刀尖，借助下方刀杆抡动的力量，薙刀在劈砍时会具有相当大的动量。薙刀是一种非常恐怖的武器。用于打造薙刀的锻造件的材质并不比用于制造武士刀的钢材低劣，很多制造武士刀的著名工匠也会生产各种长度的薙刀。

---

[1] "巴"为名字，"御前"为对贵族妇女的尊称。——译者注

在日本的战国时代，催生了军事革命的标志性武器并不是长矛、薙刀、武士刀或弓箭，而是火器。

最早进入日本的枪械是1510年来自中国的火枪，该种火枪是一种固定在长木棍上的短铁管。枪管在火门周围变得稍粗，配有一个略带锥形的枪口，枪口最终缩小为一个长条的小孔。根据类似的欧洲模式火枪的图片，操作时火枪的枪托应被紧紧地夹在左臂下，右手负责拿点火用的木片。在日本，使用这种类型的火枪的已知最早时间是在1548年的上田原之战，但这种火枪并未在日本军队中获得广泛采用，并随着后来出现的一种更精巧的类型——1543年自葡萄牙引进的火绳枪——的传播而被废弃。作为一种外国的"奇技淫巧"，这种武器的传入采用的是一种出乎意料而且完全没有征兆的方式。1543年，有一群倒霉的葡萄牙商人的沉船被冲上了日本种子岛海岸，这批商人的货物中就有一些火绳枪。当时种子岛恰好属于日本最好战的武士家族之一萨摩国的岛津氏所有。所以，当葡萄牙人展示过他们的新式武器后，本地的大名立刻就意识到这种新玩意能为他带来一个发迹的绝好机会，他的最熟练的刀剑师傅立时就变成了火枪工匠。根据保守的估计，在接下来的一年里，在萨摩共制造出了10支火绳枪，虽然葡萄牙旅行家门德斯·平托给出了更为夸张的数据：600支。尽管如此，平托对这种新武器在日本之所以广泛流行的

图示为著名的女武士巴御前，背景中的另外一个骑在马上的武士，可能是她的丈夫木曾义仲，这大概是两人在战败后正经历生死离别的场面。（美国华盛顿国会图书馆）

五十二
畠山重忠義仲
の妾巴御前を
追ふそ大ぶ軍
を挑む

原因的解释基本上是符合实际的。在平托看来，日本人"天性热爱战争，因此比起我们知道的其他民族更喜欢火绳枪"。

火绳枪是一种简单的前膛装药滑膛枪，在扣动扳机后，需借助放进枪膛内的燃烧的木片完成射击。在当时，这种武器已经使得欧洲的军备发生了革命性的变化，帮助西班牙将军贡萨洛·德·科尔多瓦取得了切里尼奥拉之战的胜利。当时，贡萨洛面对的是习惯于对敌人进行正面冲锋突破的重装甲法国骑士。在切里尼奥拉，贡萨洛有机会选择自己的阵形，所以他选择了挖掘壕沟，以尖桩巩固阵地的防守战法，同时在防守阵地前沿部署了4排多达2000名的火绳枪手。直到1575年的长筱之战，日本人才学会使用成排的火枪手。此战中武田家的武士取代了切里尼奥拉的法国骑士，在朝向大量火绳枪手冲锋时遭受了类似的惨败。

长筱之战后，在战争中大量使用火绳枪在日本变得十分普遍。至于更大口径的火器使用情况，通常认为，直到战国末期1614年至1615年间的大坂之战，日本武士都很少使用火炮或任何形式的重炮。

尽管各种大小的火器在战争中做出了决定性的贡献，它们在日本还是被当成一种好坏参半的事物。这种态度跟当时的欧洲人对于火器的矛盾态度是完全相同的。火

骑马时双手同时使用太刀是一件非常不容易的事情。骑兵的优势是位置较高，可以借势用很大的力量打击步兵。图示这名正在屋岛之战中奋战的武士采用的就是这种攻击方式。

长筱之战标志着曾经不可一世的武田家衰败的开始。这幅插画展示的是武田军朝织田信长的火绳枪阵冲锋的著名场面。织田信长安排了三个梯队的火绳枪手，轮流从坚固的木制营垒中朝外射击。在营垒间有狭窄的出口，信长军的长矛手和轻骑兵可以从出口处出击，进行机动防御。这一战术是非常成功的，武田军在此次战役中遭受了灾难性的损失。（版权归鱼鹰出版社的安格斯·麦克布莱德所有）

器帮助一个将军赢得战争，但代价不仅仅是人的生命。日本武士或西班牙骑士的荣誉、自信心和个人战功也受到这些新式武器的威胁。每种文化对于这种武器的态度都一样势利——这种恶魔般的武器通常都是由所在社会的最低阶层的人来操纵的。

服装和护甲

比起日常穿用的服装，日本武士披甲时穿的衣服的样式通常更简单，虽然高级武士穿着的刺绣战袍会给人一种光辉灿烂的感觉。从世俗功用的角度，《叶隐闻书》的作者建议武士采用獾皮做盔甲的衬衣，以免滋生虮虱。在耗时较长的战役期间，那是一个经常出现的问题。

早期的日本护甲主要采用薄片结构，换言之，是由串在一起的小金属片而不是大块的平板金属制成。与欧洲样式的甲胄不同，日本甲的小金属片通常会刷漆，以防止甲胄生锈。颜色通常是黑色的，但深红的和棕色的也很常见。水平方向上，单个的金属片借助生皮条彼此串联成片；垂直方向上，多张这种甲片借助丝绸吊带结合在一起。

各种结合方式互相搭配，最后拼接成整套的护甲。躯干部分的护甲（胴）下方会垂挂一排裙甲（草摺），

七十一首

文林

木村铳太郎，系江户时代晚期二本松的旗本（幕府将军的直属武士），1868年戊辰战争期间，在防守二本松城时战死，年仅22岁。他的这幅画像被收藏于二本松博物馆。画像中，他穿着传统的日本武士服装，手持一把火绳枪。

日本武士刀的打造

早期造剑师们打造武器的技巧虽然没有以文字的形式留存下来，但这门技艺有着非常坚实的传统，即使是今天打造出来的质量上乘的刀剑使用的可能也是古代人曾经用过的技术。时至今日，造剑师们在打造精工武士刀时，仍旧以一种宗教式的虔诚遵循着传统的方法。在造剑师开始将原始材料加工成最终的产品前，他们会穿上白色的长袍，祈求神灵的庇护。

在一个温度可达到1300~1500摄氏度的粗制小熔炉中，造剑师们将铁砂融化，以制造粗钢毛坯件。其中最好的粗钢件将被砸成薄饼状，然后再由专业人士选择其中最适合的用于锻剑。

日本人通过控制冷却速度来生产两种形式的钢：一种格外硬，一种相对较软，然后将两者结合打造成刀片。他们善于打造一种刚柔相济的武器，其刀锋锋利无比，而刀身又有相当的弹性可以缓解受到的冲击力。

部件的加工和最初处理方法是类似的。首先，将粗钢条放进熔炉中，加热到大约1300摄氏度，制成基本的钢块。清除掉杂质后，反复加热，反复锤锻，然后持续折叠，以造成一种多层的复合结构。钢材的外层所经受的折叠锻打次数最多。

接着，再将两块钢坯结合在一起。不管用什么方法，沿着刀的纵向，始终要让外层刀衣包裹内层的刀芯，除了刀尖部位。随着不断加热，不断锻打，这块混合钢材慢慢地变长，虽然还很粗糙，但大体上有了日本武士刀的雏形。在这个阶段，刀身仍旧没有弧度。随后，开始打造刀尖，方法是敲掉部分钢坯，使刀身前段呈现三角形。

接着，要把刀背捶打得越来越厚，相对于刀锋，刀柄和刀身的区别开始出现，刀身部开始具有明显的弧度。随后进行刀刃部的粗锻。在硬化处理过程中，除了刀刃部，其他部位都被覆盖上具有保护性的黏土

这幅表现造剑师打造武器场面的绘画的绘制时代大约为16世纪，展示了其工作的情况。（Werner Forman/Universal Images Group/Getty Images）

层。刀身被加热到大约730摄氏度，然后被投进一种特殊的淬火溶液（成分保密）中，取出后再研磨锋利。造剑师通常会在刀柄上刻上自己的签名和制造日期。完工前还要为刀身装上手柄和护手。每把刀需专门定制刀鞘，刀鞘系用木兰木制成。再往后，可以用成捆的稻草、尸体，甚或倒霉的活罪犯来测试刀的质量。

江户时代的一个武士刀护手。
（阿姆斯特丹国立博物馆）

以保护腿部。就像尺寸更大的肩甲和颈甲一样，袖甲是穿在身上的[1]。再往下，还有用于保护腿部的大腿护甲、胫甲。日本盔甲中真正的板式甲出现在颈部以上的护甲中，其中面甲上经常绘制有五官，用马鬃毛装饰，面甲还是被称为"兜"的重型头盔的支撑结构。片状的护颈甲围绕在头盔的边缘，而头盔顶部通常会装有古怪奇妙的装饰物，用于塑造武士在战争中的强大形象。这些装饰物包括动物角、金色喇叭、假刀片、成簇的羽毛和纸做的假海螺，为日本武士格调阴沉、重视实用的战地服装增添了不少光明的幻想色彩。木制的水牛角饰物非常流行，这意味着很多武士戴的是装饰着角状物的头盔。

武士的背上插有一种叫作"指物"的旗子，上面多绘制有所属家族的家徽或武士的姓名，用于表示对家族的忠诚，同时也是一种身份标识装置。指物通常（但并不总是）为一面绘有大名家徽的小旗子，但只有被安装在头盔上时，其形式的设计选择才会表现出一点创造力。也可以用金色扇子和成簇的羽毛代替小旗，最有风采的指物样式是长条形的母衣。这种指物是一种蒙在竹制框架上的斗篷，最开始可能是用于挡箭的，但到了战国时代，这种东

---

[1] 早期日本甲被称为挂甲，挂甲的特点就是下层甲片要挂在上层的末端，整副甲的重量基本上都直接或间接地吊在肩膀上。这句话是相对于上一句而说的，指袖甲、颈甲和肩甲不是像甲的主体那样直接或间接挂在肩上，而是直接穿在身上的。——译者注

西开始被当成大名的精英护卫或信使武士队的装饰物。武士在战场上纵马奔驰时，这种色彩艳丽、通常带有大名家徽的指物迎风招展，有利于自己一方的士兵和敌人在远处识别敌我。在细川幽斋（1534—1610年）的日记中，曾说到穿母衣的武士的精英地位，并对此提出了一些建议：

> 在斩下穿母衣武士的首级后，应用母衣的绸布包裹，而对于普通的武士，应用指物上的绸布包裹。

早期盔甲：大铠、胴丸和腹卷

大铠最早出现在平安时代，在源平合战期间被广泛采用，可能是大多数人在谈到武士时会联想到的盔甲样式。这种盔甲会使穿着的人看起来有些矮矮胖胖的，但按照设计来说，大铠是一种非常有效的防护装备。不论是在使用的早期还是晚期，这种盔甲都是为马上骑士所使用的。在大铠最初出现的时代，不同等级的武士都是在马背上作战，对他们来说最致命的武器是长弓。

大铠由被称为札的小片甲拴结在一起制成。大铠的主体部分叫胴，包括四片甲板，两片护胸，两片护背。将四片甲板披挂好，躯干就被严密地保护了起来。大铠的前部、左侧和后部还有下垂的三大片被称为草摺的裙甲，长

这名坐在樱花树下的武士身着一套大铠样式的盔甲，他的盔甲配有很大的袖（肩甲）和皮革覆盖的胸甲。图中的武士手持长弓，但戴着一顶朝臣的帽子。到了战国时代，这种样式的盔甲已经被当成老式盔甲，但那些想要显示其显赫家世的将军们则会选择穿着这种盔甲。

这幅绘画表现的是长谷堂之战的场面，右面的三个武士，是最上义光的旗本，正在追击敌人。其中一名逃跑者身着母衣。最上家的一名武士则背插御币式指物，手持长条棍。御币是日本神道教礼仪中献给神的串在直棍上的之字形纸条或布条。另外一个武士则带有传统的旗形指物，挥舞着一把薙刀。

度到大腿中部，由密实的刷过漆的甲板制成，松散地由成排的连接绳索吊挂着。躯干的右侧由被称为胁楯的成块的整块金属板保护，下面悬挂着第四块草摺裙甲。

躯干甲胴的前面覆盖着一块被称为弦走（弓弦在此划过）的印花的皮板。这东西的作用是保护甲片和弓弦彼此之间互相不受伤害——弓弦不被甲片挂住，甲片不会被弓弦磨损和撕裂。弦走的设计花样从变换几何形状、神道教和佛教的神、龙到花卉的纹样不一。不管使用何种设计，设计纹样都会跟护甲的其他部分所采用的皮板上的纹样相同（尤其是颈甲、肋楯和所有甲板上部的破绽处）。

部分大铠上还配有一对很大的被称为袖的平板护肩甲。袖的样式类似于草摺。袖需要借助一系列绳索定位。袖甲被特意弄得大一些，如果不这样的话，马上的武士就不可能同时操弓、控制坐骑和持盾。

从胸部甲片上垂下来，被设计用于在胳膊进行运动时保护腋下的，为两块不对称的甲板，被称为旃檀板和鸠尾板。

相对于大铠，胴丸是一种贴身护甲，但也需要适当

（右图）带有大袖和草摺的大铠，既是精美的艺术品，又是一种防御用具。此套盔甲见于鹤冈八幡宫神社，可能是现代人对镰仓时代盔甲的复原制品。（DeAgostini/Getty Images）

的扎缚。有些配有更多的草摺，通常是七块，这种盔甲的胸部位置没有皮革的弦走。

胴丸出现得很早——在奈良时代和大铠出现以前——但它的更早期形式仍被认为属于某种挂甲，一种年代更久远时代武士前身所采用的护甲。由于紧裹身体，胴丸比其他类型的盔甲更轻，穿着此种盔甲，武士更容易移动、作战。胴丸的样式更简单，按照设计来说，并不适合有一定级别的武士穿戴，但是到了大约源平合战时代，考虑到胴丸的舒适性和功能性，即使上层武士也会偶尔穿着。

腹卷的样式跟胴丸很像。两者的唯一区别是后背部位是否有防护，腹卷的背部铠甲不是叠合的，实际上留有一条缝隙，为此配了一块单独的甲片，好像护胸甲的一部分，带有单块的草摺，通常用于遮蔽这个开口。这块甲片被称为背板（背甲），不过战斗中人们绝不会让自己的后背朝向敌人，因此这块背板的作用不大，经常被称为"懦夫板"。这种样式的护甲出现得较晚，最早大约是在12世纪开始出现的。

（右图）在岩国市的西村博物馆[1]，我们找到了这套精美的彩色腹卷甲（开口在后背），这种样式的盔甲流行于日本战国时代。

---

[1] 现改名"岩国美术馆"。——译者注

由家臣穿戴时，如配用大铠的大袖，属于特殊情况，它们并不算跟胴丸或腹卷一套的盔甲。而且，两个大袖板块披挂得会离肩带较远，挂在肩膀的边上。这些披甲的形状都差不多——至少在早期——有点儿像杏树叶子，因此被称为杏叶。如果有级别的武士穿戴胴丸或者腹卷，通常同时会披挂大袖，但杏叶的位置不同，通常披挂在腋窝前方，用于替代旃檀板和鸠尾板。

旋喉轮是一种护颈甲，通常佩戴在大铠下面。

战国时代的盔甲

在日本战国时代，武士甲胄发生了很大的变化。主要的发展变化是为了满足火器出现后护甲防弹的需要。因此，我们看到日本的盔甲上引入了用作护盾的整块护胸甲，以及用作裙甲、肩甲的横向的整块金属板护甲。对于盔甲制造工匠来说，采用这种盔甲能带来一种额外的好处，那就是制造所需的时间较短。而在当时，盔甲制造工匠的生产压力通常很大。《叶隐闻书》为我们补充了一些有关日本古代盔甲的细节：

相对于将官来说，士兵如果要测试自己盔甲的性能，应该测试盔甲的前面。另外，士兵的盔甲不需要装饰，他们应该小心选择头盔的样式。毕竟，自己的头盔将是有可能伴随着他们的头进入敌军军营的东西。

老式的日本甲都披挂在人的肩膀上，全部重量均需由肩膀来承担。大约1450年，开始出现在腰部变窄、在胸部捆紧的胸甲。灵活性有所损失，但获得了舒适性。这种护甲更紧密地包裹躯干，借助臀部的力量支撑，所以渐渐被称为"立胴"，即立式胸甲的意思。

随着这种发展，构成甲胄的甲板也出现了细微的变革。老式日本甲上往往配有两个小胸护板（背后配有三块），其中四块围绕在腹部周围。出现在16世纪的现代样式的铠甲开始采用更窄的重叠金属片，这使得胸护板变成了三块（背护板变成了四块），包裹腹部的甲板变成了五块。现代日本甲[1]采用整块金属板替代甲片板，之所以采用窄条金属板的理由很清楚：甲片板需要多层结构，为了维系这一多层结构需要甲片上钻大量的孔洞，需要很多带子捆扎。

跟老式铠甲巨大的大袖不同，新型当世袖的尺寸更小、更窄，微带弧度，更容易装配。到16世纪的最后十年，大多数日本甲采用了突出于肩膀之外、与位于肩带之间的立领配套的棉垫或锁子甲材质的护肩甲，袖往往因被

---

[1] 此"现代"指的是战国时代以后，而非通常意义的现代社会。——译者注

盔甲匠人特写，来自大约16世纪的展示盔甲匠人工作场面的屏风画。（Werner Forman/Universal Images Group/Getty Images）

当成多余的部件而遭舍弃。

袖，像草摺一样，变得跟此时样式的铠甲的其他部分不太融洽了。看来，袖和草摺本身就是按照互相匹配的原则制造的。

在所有现存的当世具足中，桶侧（川）胴是最具有代表性的一种盔甲。这一杰作是几个世纪以来日本甲样式不断简化的发展结果。这种盔甲已经从采用由成千上万块由绳索连接在一起的甲片组合而成的形式，转换成采用由绳索连接紧固的金属板组成的形式：这些甲板一块吊在另一块上面，由借助绳索互相连接在一起的层叠金属板组成。

桶侧胴的流行有很多原因。首先，这种盔甲比较便宜，可以迅速大量生产。其次，这种盔甲具有较强的防护功能。随着火器的引入日本，武士们需要一种具有防弹功能的铠甲。实际上这种盔甲的胸甲是很粗糙的。在博物馆里，我们看到的这种盔甲有很多在胸部位置有洞；盔甲是否曾经有效地抵挡过弹丸，现在已经不得而知。据记

（右图）该套盔甲系为丹羽家制作，属于最上胴[1]，采用素悬威（绳辫间隔）索带捆扎方式。由于日本甲是由借助索带捆扎的铁制鳞甲构成，日本甲可以很好地抵消弓箭的冲力，就像现代的防弹衣一样，这一点跟欧洲传统样式的护甲是不同的。

[1] 最上胴：室町幕府末期流行的一种甲胄样式。——译者注

载，在一场战斗的最后，德川家康卸下他的盔甲时，有很多火枪弹丸从盔甲中掉落。它们击穿了金属层，但所具有的冲击力已经被削弱了很多，以至于完全不再具有杀伤性，从而被留存在盔甲和衣物的缝隙中，甚至未能引起盔甲穿着者的注意。

这种盔甲流行的最重要的一个原因是其具有多种用途。大多数武士都具有强烈的个人意识，并且希望自己的装甲能展现出这一点。让人注意到自己是得到升迁的一个非常重要的步骤。漆画、家徽、不寻常的色彩或者纹样、半圆形铆钉、下面有装饰性垫片的铆钉、有豁口或波浪形上缘的甲板、稀罕的胸甲板捆扎方式——所有这一切都被穿盔甲的武士用于使自己的盔甲显得更加有个性。

当世具足立胴的草摺最初曾经被设计成类似躯干甲的重叠金属板样式；草摺上也要用同样数目的重叠金属片，腰围的周长应跟草摺上部的周长相同，腋窝以下的周长应跟草摺底部的周长相同。这种模式没有流传下去，但是，宽度着实发生了变化。除了最廉价的那些，草摺的下部通常比上部要宽，在大多数情况下，不同块的裙甲都稍微有一些交叠。

看来，草摺跟胸甲是分别独立设计出来的；胴可以采用整块金属板叠片结构，草摺可能采用鳞甲或假鳞甲[1]。也可以采用不同的颜色，比如，金色的草摺披挂在黑色的胴甲上面。在草摺上可以尽可能多地采用索带，但在胴甲上则不行。大多数时候草摺跟胸甲是完美搭配的，但也有例外的情况。

到16世纪末，渐渐流行的做法是草摺不挂在胴上，而挂在一条连在胴上的窄皮带上。这条窄皮带则借助细绳或挂绳连接在胴的下部。可移动的草摺的好处是使得甲的穿戴更容易，但并不能带来其他好处。在武士跋涉过河流时，草摺可以摘下来以保持清洁、干燥，而且不妨事。但有些武士在这种情况下会用绳索把草摺系起来，如此一来可移动草摺的好处就更小了。

头盔

日语中称为"兜"的武士头盔是日本武士盔甲中最具有识别性的部分。战士喜欢与普通人有所区别，要取得这个效果，在军服或者头盔上采用装饰物是最容易的方式。

日本武士头盔多数为复合片状结构，系由8到32片弧形楔片铆接构成碗形头盔。最早的配用大铠的兜，所

---

[1] 从外观上看，假鳞甲类似于鳞片状的由小块金属片编织而成的鳞甲，但实际上是由金属板片加工而成的。——译者注

用的楔片一般较少，通常为10至12片（比较而言，到了战国时代，由32、62和72块楔片构成的头盔也不是很罕见）。

在兜的顶部，所有的楔片收缩到一处，该处有一个装有装饰性镀金铜圈的小洞。日本人认为这个铜圈是八幡战神落脚的地方，所以把它叫作八幡座。此物的实际用途不明，对此有各种解释，有的说是为了让八幡战神进入武士的身体，有的说是为了让武士能在水下呼吸，有的说是为了让武士在跳进河水里后能沉到水底……此外还有几种相当不近情理的说法。最有可能的用途是连接金属楔片的尖，把这些尖头连接的中心部分切掉，安上八幡座，要比把这些尖头连接在一起或者交叠在一起更容易些。

最早的和最常见的片状结构头盔是简单的半球形，或者轻微地收缩成蛋形，以更好地契合头部的形状。再往后发展出头型的碗式头盔，在形状上已经类似于现代的军用头盔。

从兜的碗状体边缘，垂下来的是片状组合结构的护

（左图）图示为一个脑袋形兜，时间为江户时代晚期，收藏于美国得克萨斯州达拉斯市安和加布里埃尔·巴比耶-穆勒博物馆。此图拍摄于该文物在法国巴黎原始艺术博物馆展出时。（Vassil/Wikimedia Commons/CC0-1.0）

颈甲。颈甲有很多样式，但标准的样式应为一系列互相连接的同心金属甲片。如果把头盔放在水平表面上，层叠的金属片应该都像翻起的鱼鳞一样翘起来。

700—1500年，颈甲通常有三到五层金属叠片。最上面一层或者有时是最上面的两层，会延长一部分翻卷到颈甲的上面，叫作吹返。最初的设计目的是防止在遇到从上至下的打击时，刀从金属叠片中间划过，对其间起捆扎作用的索带造成严重的损害。

颈甲都是经过设计的——在纹样、油漆和索带方面——以跟袖和草摺的风格相搭配。黑漆或者红漆的盔碗配金色颈甲并不是很罕见的样式。

有些武士（德川家康就是一例）的头盔配有特殊的颈甲，而且，盔碗里面还垂有能提供额外保护的锁子甲面罩。这种设置叫作下颈甲；据说江户时代奈良的甲胄制作流派岩井派特别喜欢采用这种下颈甲。

在武装好的日本武士那里，脸部——身体上最容易受到伤害的部分——通常是无保护的。偶尔也会戴各种面颊（面甲）；它们通常采用半个面具形式——盖着鼻子、脸颊和下巴，采用金属制或皮制，被刻画成愤怒的

（左图）这是一个大约在1560年精工制作的兜，系日本秩父宫雍仁亲王提供给英国牛津大学莫德林学院收藏的一副盔甲的一部分。（Getty Images）

头盔上装饰着鹿角，正在与敌人交战的武士，面露坚毅之色。

鬼脸状。在日语中，这种东西对应的日本汉字都是"面颊"，但存在两种读法。面颊鼻子位置的部分几乎总是可以拆下来的，事实上，采用这种方式也更舒服。没有鼻子的类型——被称为颊当——也很常见。覆盖整张脸的面甲（面颊）是不特别考虑的，因为，在提供保护的同时，这种面甲限制呼吸，影响视野，因此几乎很少被选用。

对于早期的武士来说，佩戴盔饰是等级的标志，但到了16世纪50年代，佩戴盔饰已经很常见。这些盔饰，或者说"立物"，装在帽檐上，有时也装在盔碗的左右两边。它们通常采用蜻蜓、蝴蝶、大的弯月、号角、带有家徽纹样的圆盘等形状。材料主要为绘有细致纹样的木材、纸板。

作为盔饰的替代品，有些武士会佩戴传统样式的头盔，上面有夸张的装饰性铆钉或双色的油漆花纹等装饰性配件。具有别具一格设计的头盔非常常见，在16世纪下半叶，各种花样层出不穷。

变形兜受到实际应用的限制，只有那些能承受得起的武士才会配置（或者在一场战斗后从死者身上掠夺）。雕刻的内容包括动物头像、做鬼脸的海怪、丑陋的神怪嘴脸，以及武士所戴的朝臣[1]高帽。

---

[1] 在日本，"公家"一般是指天皇政府，"公家"与幕府将军的"武家"政府相对，天皇政府的高级官员称为朝臣。——译者注

其他盔甲

为了保护胳膊，日式盔甲从很早以前就采用了笼手，但是样式随着历史的发展不断发生变化。到了平安时代，现代样式的笼手开始出现。这种笼手好像套在胳膊上的袋子，对于在战时装填战衣的宽大衣袖显然很有用，便于拉弓放箭而不是防卫；实际上，笼手上的护板显然是在后来才安装上去的。

直到源平合战时代，近身肉搏战经常出现以后，穿戴一对笼手才变得普遍起来。最普通的笼手是由各种薄木片做成的。前臂上的薄木片数目从3块（木片较宽，有时，但未必，相邻的会互相交叠）到20块（木片较窄，相邻的彼此交叠）不定。袖子本身由多层布料制成。在这个基础上，把金属（或者皮革，但很少见）板和锁子甲缝在布料里面，是笼手的另外一种样式。

臑当，也就是胫甲，通常跟笼手配套。配有两根绳索，一根在脚踝上，一根在膝盖下面，用于固定臑当。所有绳索只从腿上绕过一次，然后在腿前面打结。不管臑当由金属板还是木条做成，在脚踝内侧通常都会覆盖一块皮板。这块皮板的作用是保护拴马镫的皮带，以免它们被金属板磨坏。

虽然草摺具有保护臀部和大腿上部的作用，徒步作战的武士还是需要其他的大腿防护器具，起这种作用的东西叫作佩楯，意思是大腿防护盾，最早出现于镰仓幕府时代末期。佩楯通常由平放在一起、用索带松散捆扎起来的小块甲板制成。

1582年，因受家主所命出战失败，正在准备实行切腹自尽仪式的明石义太夫将军。图中他已经写完绝命诗，正握着准备好的切腹用刀陷入沉思。（华盛顿国会图书馆）

武士的
生死观

THE WAY OF THE SAMURAI IS
FOUND IN DEATH

虽然武士生活的每一个方面对于从整体上理解日本武士都是重要的，但没有什么能比武士在弥留之际所持的信仰和传统做法更能深刻地揭示武士的精神世界。在诸多武士题材的日本文学作品中，不论他们是自愿还是被迫选择死亡，都有对武士终结生命这一话题集中、频繁的渲染。这令人们不得不确信18世纪山本常朝在其著作《叶隐闻书》中所写下的信条，那就是"武士之道乃求死之道"。

真正令《叶隐闻书》名扬四方，或者说令人不寒而栗的，是书中记录了很多与死亡直接相关的内容。原书在快到结尾的地方写道：

> 每天都应冥思死亡。每天，你都应该静下心来，想象身体被弓箭、火枪、长矛和刀剑撕裂的状态，想象自己被巨浪夺去生命、被投入烈火、被雷电击中、被地震埋没、坠入万丈深渊、殁于疾病或者因为主公故去而尽忠切腹的情景。

一个濒临死亡的武士。这个受了致命伤的武士正奋力借着沾满鲜血的武士
刀的帮助，把身体撑起来。

撇开自然灾害导致的死亡不谈（如地震，这在日本一直以来都是经常发生的自然灾害），考虑到武士的天职便是战斗，因此心平气和地接受战争死亡被认为是武士早就应该想到的事情。但是现实中，单是死亡这一事件并不足以将日本武士与其他国家和民族的那些职业战士区分开来，真正给予日本武士阶层特殊地位、令其成为特殊群体的，是书中武士因为主公的过世而尽忠切腹的那句话。首先，切腹自杀这种行为本身具有特别的意义；其次，在"主公故去"这种非常特殊（具有争议性）的条件下，武士也可能会切腹自杀。

按照礼仪自杀

"切腹"这个词指的是一种把腹部剖开致死的自杀方式。按照武士的价值观来说，这是一种光荣就义的死亡方法。切腹可以在个人的家中，经过一定准备后，按照一定的礼仪进行，也可以在战场上一处安静的角落，在战友暂时抵挡住敌人的短暂片刻中进行。

在武士的世界里，切腹自杀是一种真正勇敢的行为，武士在知道即将战败，遭遇了丢脸的事情，或者受到致命的伤害后选择切腹自尽，是受人钦佩的。这意味着，他用终结自己生命的方式抵消了自己的罪过，他的名

丰臣秀吉的遗孀、丰臣秀赖的母亲淀君的自杀。在1614年丰臣家接受和平协议，结束德川家康发动的攻打大坂城的冬之阵的过程中，她起到了非常重要的作用。

誉不仅没有因此而受损，实际上反而得到了增强。切腹以最激烈的方式展示了武士的气节，但切腹也是非常痛苦的和非常令人不愉快的死亡方式，有时武士会请求忠诚的战友在那个痛苦的时刻帮忙砍掉自己的头。

最早提到切腹的文献是《保元物语》，该书讲述的是1156年平家和源家的斗争。其中提到宇野亲治及其追随者被敌人抓捕得太快，以至于"他们来不及拔剑切腹"，书中描述所用的稀松平常的语气意味着这类事非常普通——至少在当时的日本东国（即日本东部）是如此。

在日本战争史上第一个知名的切腹的人是著名弓箭手源为朝。在平家武士进攻的船靠近他被流放的岛屿时，源为朝选择了切腹自杀这种方式。1180年第一次宇治川之战时，源赖政在战斗尚未结束时就因战败不可避免而自杀。这是历史中被记载下来的第一个剖腹自尽的案例。源赖政自杀的过程非常讲究，以至于他的做法成了以后数个世纪间高贵且武勇的切腹方式的榜样。

当他的儿子们在外抵挡敌人时，源赖政退回去在自己的军配团扇上写了一首诗：

　　叹我如草木，
　　土中终年埋。

今生长已矣，

花苞尚未开。

源赖政的作诗和自杀方式在以后的历史上曾被多次模仿。1582年山崎之战后，明治光秀的切腹可说是史无前例，他在切腹后用毛笔蘸着从自己肚子里流出来的血，在门上写了一首诗。在进行源赖政式的经典模式的切腹时，身边是没有所谓的介错人帮忙的，也就是说没有人在自杀者极度痛苦的时候援手将他的头斩下来。多年以后，这一做法在源赖政之后的武士自杀史上变得更加常见，也被广泛接受。然而，对于武士而言，给其他自杀的武士做介错人，却不是一件受欢迎的事情，正如山本常朝告诉我们的：

> 多少年来，执行介错一直被武士视为不祥之事。个中原因在于，一名武士即便是干净利索地完成介错的任务，也不会因此得到什么名声；而一旦失手，就会铸下大错，带来终身的耻辱。

《平家物语》中曾描写在坛之浦之战时，大量战败的平家士兵用投海的方式自尽，由此看来，切腹并不是武

第三章 武士的生死观

士结束生命的唯一方式，而且很可能只是一种在源平战争后为东国武士所热衷的传统。历史上从未有过作为西国武士集团的平氏家族成员实施切腹自杀的记载。至于其他自杀方式，往往要视当时的具体环境来定，公元1184年的粟津之战中，武士今井兼平的自杀就是一例。当时他身陷重围，于是将战刀插入口中，头朝下栽落战马而死。

就像前面曾经提到过的，在坛之浦之战中，小天皇的祖母抱着小天皇纵身投入大海。有很多武士阶层的妇女在城堡将要被攻破时，选择从城墙上跳下来自杀，或者跳水自杀。如果使用武器，女性往往喜欢采用匕首割喉的自杀方式。这种匕首也可以用作进攻性武器，日本女人所穿着的传统服装为她们随身携带小型的窄刃刀具创造了条件。新渡户稻造在他的《武士道》一书中，用文采斐然的语言描写了这种匕首的使用方法：

> 当女孩步入成年时便被授予短刀（怀剑），用它来刺进侵犯者的胸膛，或者必要时刺进自己的胸膛。实际上经常发生的是后者……不知道自杀的正确方法于她来说是一种耻辱，比如说，她虽然并没有学过解剖学，但却必须知道哪里是刺喉自尽的正确部位。

武田胜赖切腹自尽的场面，见于长筱城址史迹保存馆画轴局部。该卷轴描绘了织田信长大军逼近之际，武田胜赖切腹的场景。注意他已经脱掉了身上的盔甲，以便在行动时不受盔甲的阻碍。画家以绘画的形式再现了切腹一瞬间腹部被切开的情景。

丰臣秀吉水淹高松城的场面。（www.lacma.org）

自尽赎罪

在武士的自杀史上，有些自杀是因为武士的个人失败引起的。在这种情况下，武士进行的是"赎罪式的自杀"，期望在生命消逝的同时也将自己的罪孽一笔勾销。这方面的例子有的非常离奇。

传说武士东乡茂辰仅仅因为一时没攻下城来，便注视着战败的方向，身披盔甲，骑着战马，让别人将自己活埋谢罪。其他采用类似方式自杀的，可能也都是出于自愿，并且极为戏剧性。公元1561年第四次川中岛大战中的山本勘助就是一例。山本勘助是武田信玄的主要幕僚，依靠他的战术策划，武田军曾屡次打败上杉家的军队。但是这一次，当他的战略方案使己方陷入了暂时的困境时，山本便拿起长矛跃入敌阵，以死谢罪。然而，山本勘助的悲剧在于，他错误估计了当时的形势，武田军的命运并没有如他设想的那样无可挽回。援军到来后，武田军士气大振，最终反败为胜。但无论如何，武田家失去了一位富有经验的得力将领，而山本勘助如果没有选择死亡，也可以更好地辅佐他的主公取得更大的成功。

当然，有时自杀可能并非武士主动做出的选择。如果违反了武士阶层的规则，犯下重大的罪行，武士也很可能会被要求自尽。1588年，丰臣秀吉就曾因手下佐佐成政镇压领地暴动不力而赐他自杀谢罪。

有时，作为和平协议的一部分，会要求敌对方的大名切腹自尽。通过这种方式，得胜一方可以大大削弱战败一方的势力，战败集团的反扑或抵抗也往往因为己方的首领已自杀而威力大减。丰臣秀吉就曾多次利用这类协议，通过让战败方的首领自杀来巩固自己的势力。其中最为极端的一次，发生在公元1590年的小田原之战中。丰臣秀吉利用这一手段彻底埋葬了一个大名王朝。在这场战役中，北条家族被击败。丰臣秀吉坚持让已经退隐的北条氏政[1]自杀了断，并流放了他的儿子北条氏直。随着北条氏政切下的悲怆一刀，曾经在日本东国叱咤风云的北条家族就此在历史舞台上永远地消失了。

此外，战胜方通常希望除掉敌方的部将。这些战败大名的部将们制造的威胁更大，他们固守城池，拼死抵抗，因此破城后，胜利者也往往希望将这部分人一并铲除。最富于戏剧性的一幕发生在1582年丰臣秀吉攻破高松城一战中。那是一场惨烈的拉锯战，花费了很长时间，战局迟迟没有突破。情急之下，丰臣秀吉心生一计，才使战事出现转机。他利用高松城地势低洼的特点，命令部队开掘附近河流的河岸，引出一条分渠，在高松城附近将其积聚成湖，用湖水淹高松城。破城后，丰臣秀吉和敌对方

---

[1] 北条氏政（1538—1590年）：后北条氏的第四代家主。——译者注

大名毛利辉元签订了和平协议。在这种情形下，协议当然是不对等的，秀吉要求毛利辉元手下最骁勇善战的部将——那个给丰臣秀吉造成最大麻烦的高松城守将——清水宗治必须自杀。无奈之下，清水宗治撑起一叶扁舟驶向了那座人工湖的中央。当他确认丰臣秀吉的手下已准备好忠实记录他的英勇行为时，便从容切腹自尽了。

1581年，丰臣秀吉用了200多天时间，才迫使鸟取城的守城者缴械投降。当时，守城的军民已经弹尽粮绝，以野草和死马为食，甚至开始出现人吃人的现象。但守城将领吉川经家仍激励部下奋勇抵抗，坚守不屈。破城后，作为双方协议的条件，吉川经家必须自尽。他在给儿子的信中记述了自己当时的思想活动，这封信一直保存到今天。信中写道：

> 我们已经坚持了200余天，弹尽粮绝，无以为继。我相信，了结自己的性命会对我的将士们有所帮助。儿子，没有什么比我们家族的荣誉更加重要的。我只希望，我们的士兵们能够理解我为什么会选择死。

武士自杀的另一个原因是为了表达抗议，这种情况被称为"死谏"。古代日本史上这样的例子非常少，但

"死谏"对战国时代的一位最伟大的大名有着极为重要的影响，他就是织田信长。织田信长15岁时就继承了父亲的封地。年轻的他虽然勇武异常，但对管理领地却没有多大的兴趣。他当时最优秀的一位家臣兼老师名叫平手政秀，平手政秀试图劝说织田信长改变想法，但一直徒劳无益。最终，当他发现织田信长根本没打算听取自己的意见时，这位悲愤的家臣把所有的忠贞和情感都倾注在一封致主公的信中，然后切腹自杀了。平手政秀的死给织田信长以极大的触动，他终于痛下决心改弦更张，励精图治。事实证明，织田信长的有效统治给日本历史带来了极为深远的影响。

殉主而死

"殉死"，是山本常朝在《叶隐闻书》中阐述的有关武士需随时面对死亡的准备的第二条训诫的内容。山本常朝认为，主公亡故后，武士也应追随主公而去。关于这一点，我们同样可以在日本古代战争史里寻得较早的先例。据《保元物语》记载，源义朝命令部下将自己的弟弟们处死，他们的仆从随即杀死了男孩们，然后也立即追随而去，其中四人切腹自杀，另外两人彼此刺死了对方。《保元物语》评论这一事件道：

尽管追随主人而去是他们的天职，尽管挺身冲向战阵、赴汤蹈火，最后随着主公的殒命而切腹尽忠是素有的惯例，但是普天之下还从没有过类似这样的先例。世人无不称赞他们的忠义行为。

1333年，镰仓城陷落之际，大量的自杀事件随之发生。其中有关殉死的记载如下：

后面的家臣冲到门前，高声喊道："主公已经自尽了！忠义之士们，让我们随主公一道去吧！"这20名家臣随后放火，点燃了楼宇，并在烟雾之中迅速排成一列，切腹自杀了。另外300余名武士也不甘落后，纷纷切腹自杀，然后纵身跳进火海之中。

还有一些情况是，主公尚未死去，家臣或武士就率先上演"殉死"一幕。1582年清水宗治在丰臣秀吉构筑的人工湖里轰轰烈烈地自杀前，曾有一位家臣把他请到自己的房间里。这位忠诚的家臣解释说，他希望能让主人知道，切腹自杀其实是很容易做到的。随后，他解开了身上

松永久秀是日本战国时代的茶道大师，曾屡次背叛织田信长。在他的城堡陷落后，他被迫自尽。图中展示的是此人为了使自己珍贵的茶具不至于落入敌人之手，亲手将它们摔碎的场景。

四十七浪人

　　著名的四十七浪人是播磨国赤穂藩藩主浅野长矩（1667—1701年）的忠诚武士家臣。1700年，浅野长矩与另外一名幕府官员吉良上野介一起受命接待到将军幕府访问的天皇朝廷使节。吉良上野介精通宫廷礼仪，按惯例与其合作的同事必须给他一些贿赂，才能从他那里得到指导，以避免在礼仪方面出现错误。而浅野长矩未给吉良上野介送礼，吉良感到非常不悦，不仅不提供指导，任其在天皇朝臣面前出丑，且不时对浅野长矩进行冷嘲热讽。有一日，浅野长矩情绪失控，突然拔出短

图示为四十七浪人中的四人像。四十七浪人仇杀事件震惊了当时的日本。该卷轴见于日本播磨国赤穂的大石神社。

刀，砍伤了吉良的额头。在将军府动武是非常严重的罪行，浅野长矩遂被逮捕，后被勒令在砍伤吉良的当日切腹自尽。

盛怒之下，将军决定剥夺赤穗藩的领地作为进一步的惩罚。号令发出，浅野长矩的家臣纷纷失业，丧失了财产。他们在未来将成为浪人（无主的武士，意思是"像波浪一样漂泊的人"），因此有部分人员决心为死去的家主复仇。

首席家老大石内藏助离职后来到京都，在那里他开始跟其他四十六位志同道合的同藩武士秘密计划复仇。吉良上野介也已经开始怀疑有人要暗害自己，但是，他派出去的间谍只发现一些沉迷于酒精和快感的男人。

1702年12月的一个雪夜，浅野长矩的家臣们突袭了吉良上野介在江户的宅邸，复仇行动正式开始。吉良府的卫士被出其不意地拿下，大门为木槌所撞开，接下来发生了激烈的白刃战。最终，大石内藏助等人控制住局面，砍下吉良上野介的首级，将其供奉在泉岳寺的浅野长矩墓前。一项庄严的使命终于被完成了。他们还在墓前留下了写好的祭文：

> 然臣等既食君禄，宜死君事。苟视君仇人，而不为之报，
> 仰有以不惭不共戴天之言，俯无以酬不同蹈地之义。……由是
> 臣等相议，誓以死报。

由于其中一个浪人已经在突袭中被杀[1]，所以此刻剩下的四十六名浪人遂去见官府，说明他们的所作所为。这一事件使得幕府感到非常尴尬。赤穗武士的所作所为符合武士的道德规范，但却违背了法律，然而，至少在理论上，在流行新儒家主义的德川幕府时代的日本，法律和道德是并不矛盾的。

---

[1] 书中此说法有误。四十七浪人当夜并无战死者，后来唯一残存者为寺坂吉右卫门，以八十三岁高龄静逝。因他的身份乃低于武士的"足轻"，主谋者大石判断他会在事后被从轻发落，因而命他逃生，并去本乡传递"仇讨"成功的信息。——译者注

即使在一个崇尚复仇的社会里，人也不可能完全随意地为所欲为，在17世纪，日本曾经出现过一种需事先报告官府的仇杀制度，叫作"敵討ち"。不过，这一制度不包括为大名的死复仇，仅限于为亲属复仇。像赤穗藩士这种复仇行为确实是令日本朝野震惊的，无论如何是不可能事先报告官府的。

幕府最后达成了一致意见，法律的尊严必须不惜任何代价予以维护，所以应命令浪人们集体切腹，以儆效尤。尽管同时代的人的反应并不太热情，但后来的日本人却非常崇拜四十七浪人。曾有评论者写道："从学者、官员和士绅到人力车夫、马车夫，无人不对四十七浪士充满敬意。"虽然被官方认定有罪，但在民间四十七浪人始终被当成为了完成伟大事业不惜牺牲生命的"忠臣义士"来崇拜。

的袍子，清水惊讶地发现，家臣的腹部已经血肉模糊，惨不忍睹了。清水大为感动，他亲自担任了家臣的介错，砍下他的头颅，让忠勇的部下尽快结束这一痛苦的仪式。

尽管《保元物语》对殉死持褒扬的态度，但这一行为并没有得到广泛的认同。不管这类行为对其他武士具有多么重要的道义上的启发意义，殉死仍然毫无意义，只能令本来就糟糕的局势雪上加霜。事实上，大名的死并不一定意味着整个家族的灭亡，大名手下那些经验丰富的家臣完全可以充分发挥聪明才智，辅佐和引导主公的幼子们再次振兴家族大业；但如果家臣为了尽忠做出殉死的选择，只会加速大名家族的灭亡。在战场上，家臣选择尽忠自杀是可以理解，甚至也是可以宽恕的。毕竟，在刀光剑影、生死悬于一线的纷乱战阵上，一个人选择死亡很难说清楚到底是基于什么理由。但是，如果大名在和平时期自然死亡，武士仍然选择殉死的话，往往会遭到一致的谴责。在这种情形下选择自杀，往往意在表明，除了死去的家主，他无法再效力于其他任何人。

在兵荒马乱的战国时代，的确有一些家臣认为生命的意义就在于向主公尽忠。到了后来的和平时期，作为武士阶层的一种特殊行为或现象，殉死对于维护某个大名王朝的稳定基本没什么帮助。等到江户时代早期，全国仅有二十位家臣在主公故去后选择了自杀尽忠。

1616年德川幕府第一代将军德川家康留下的《东照宫御遗训》，对这一习俗进行了强烈的谴责。在这位幕府将军看来，一名武士伺候自己死去主人的最好的办法，就是给予主人的后代同样的忠诚，但殉死的习俗已深深扎根在当时日本社会的传统思想中。

不过，1651年德川幕府第三代将军德川家光死后，却有五名与其最亲密的家臣选择了殉死，严重破坏了德川家族自己立下的规矩。1663年，为了制止和平时期的无谓殉死，幕府当局采取进一步措施，其中有一段声明写道：

> 如果领主预感到某位家臣必定会在自己死后自杀尽忠，那么该领主必须在自己还活着的时候严厉告诫家臣，劝阻他采取这种行为。如果领主没有给予警告，家臣自杀的行为将被归咎于领主本人，领主的后人也将因此受到处罚。

从17世纪中叶开始，殉死这一行为终于得到了有效的控制。直到1912年，这一古老而备受争议的传统旧俗才再次引起人们的关注。这一年，就在明治天皇葬礼举行前夕，名将乃木希典携妻自杀身亡。乃木希典战功卓著，是1894年至1895年中日甲午战争期间日军的指挥官，还曾在1904年至1905年间的日俄战争中率军攻击过旅顺口的俄军。他的自杀轰动日本朝野，显然，这一举动尽管忠勇可嘉，但毕竟公然违背了天皇旨意，属于违法行为。这一事件也清楚表明，在20世纪工业和枪炮唱主角的日本社会，古老的武士精神仍然以某种形式存活、延续着。

这幅彩绘屏风画上展现的是12世纪源平合战期间战事的场面，属于江户时代的土佐画派作品。（DeAgostini/Getty Images）

第四章

战争中
的武士

THE SAMURAI AT WAR

军队的征召

当进行战争动员的命令发布后，住在城堡内的武士，作为大名城堡精英守卫，将立刻从防御状态转为作战状态。对于其他一些武士来说，则必须进行某种形式的征调。现存的各种文书显示出当时大名们是如何将他们的业余武士转换成全职战士的。这一过程决定于大名的行政系统的专业化程度，以及大名和被征召的家臣之间的关系紧密程度。

在这一方面，长宗我部元亲（1539—1599年）的武士提供了一个十分有趣的案例。长宗我部元亲征服了整个四国岛，而他的武士都是亦兵亦农的。这些武士在水稻齐膝高的水田里侍弄水稻时，他们把自己宝贵的盔甲装在箱子中放在稻田的田埂上，插在地上的长矛上则吊挂着顶盔挂甲时穿的草鞋。号令一响，他们就立刻放下农具，重新变成武士。这种"民兵"对于长宗我部元亲来说通常已经足够，他所面对的敌人是跟他的军队装备类似的邻近地区的武士，但用来对付丰臣秀吉就有些捉襟见肘。丰臣秀吉在1585年侵入了长宗我部元亲的领地。

丰臣秀吉动员他的属下武士时，情况要更为复杂。他所征召的是自己的职业化的武士军，随着征服的继续，他也开始征发那些愿意接受其家臣地位、臣服于自己的大名参加战事。1592年入侵朝鲜战事的筹备过程中出现了几个这方面的完美范例。五岛纯玄是五岛列岛的领主，是一个14万石大名，按照他的领地规模需要在攻打朝鲜战事中提供840名士兵。他实际上只派出了705名，情况如下：

五岛纯玄本人	1名
奉行（军队指挥官）	5名
信使	3名
巡查	2名
骑兵武士	11名
步兵武士	40名
武士武装随从	38名
足轻	120名
僧人、医生、文书	5名
杂役	280名
船夫	200名
总计	705名

这一数字中包括了220人的作战人员，以及两倍于这个数字的承担支援任务的非战斗人员。

行军

军队做好出发准备后，武士们会接受检阅，在他们的头领进行一些出发的礼仪性活动时，在一边等待和观望。最重要的事情是祈祷胜利。受青睐的祈祷的对象是佛教的一些据说能带来胜利和摧毁邪恶的神。祈祷者的敌人当然就是所谓的恶魔，祈祷者会召唤像佛教中的不动明王这样强大有力的神去摧毁敌人。祈祷时或念诵所请求的事由，或者把祈祷文写在求神的木签上，按照一定的礼仪烧化。就在1564年第五次川中岛之战之前，上杉谦信在附近的八幡神社进行了一番祈求胜利的祈祷。祈祷文内容被保留下来，其中提到大量他的敌人武田信玄的恶行，最开头说到的是武田信玄强行流放自己的父亲。谦信列举了信玄的多种罪过，其中包括在宗教领域的几次不良行为。谦信声称，武田信玄在征服信浓国后，曾经犯过很多错误，其中包括藐视宗教仪礼，派遣俗人官员监督管理神庙和寺院。祈祷者随即提出了一个问题，向八幡神发出了质疑：

现在武田信玄已经摧毁了信浓国的寺院和神庙，流放了寺庙的僧侣，如果神继续放任武田信玄获得胜利，怎么可能还有人会尊重神的权威呢？

传统的出发餐包括"胜"栗、海带和用清酒洗过的鲍鱼，吃出发餐是武士们上阵前的最后仪式，随后大名会举起他的军配扇喊"Ei! Ei!"，武士们应一声"Oh!"，大军就出发了。作为一个例子，我们可以说说在1598年日本的一个大人物加藤清正将军离开朝鲜西生浦城的盛大场面：

加藤清正穿着黑甲，头盔用细绳紧紧系在头上……随身带着15个仆人、15个信使、20个火绳枪兵和35个步兵，跳进小船，按标准的做法喊了两声"Ei! Ei!"。

武士军行军的场面是很壮观的。已知最好看的武士行军场面见于江户时代的木刻版画，当时幕府要求大名们在行军时要列队前进，展示军容。从那些画中，我们可以看到，为了表达对幕府将军的尊敬，武士们扛着长矛，全副武装，身边军旗招展。相对于版画中的场景，更早几十年的实际作战中的行军应该没有很大的不同，只不过行军的纪律应该更加严明。在1590年进军大阪城期间，德川家康发布了多达12篇军令，其中包括行军诫令和禁止在军营中放任马匹自由行走的命令。命令的最后警告说"有违反者，神佛共诛之"，但家康自己的将领们实际上对敢于冒犯军法的武士实施了很多惩罚。蒲生氏乡曾提及，他曾看到一个戴着十分独特头盔的武士离开了自己的岗位，遂命令他返回自己的岗位。巡视过一圈，他转回来时发现那个人再次擅离职守，蒲生氏乡就拔刀砍掉了那个人的头。然后，他把那名武士的那个非常漂亮的头盔给了其他人。

由于日本领土多山、缺乏平地，所以无法大量使用运输辎重的车辆，因而比起其他地区，在日本野外进行作战和保持军备供应更为困难。

通信

在日本战国时代，战事变得更加复杂，已经不是派一队武士长矛手勇猛地朝另外一队步兵或城墙冲过去那么简单。战争需要良好的后勤支援，在大名的藩国里，有一

（右图）最重要的通信装置包括鼓、海螺号和钟。最大的太鼓可以用于确定行军的节奏，号角可以发送出更为复杂的指挥讯号。图中丰臣秀吉正在展示如何吹海螺号。

种非常简单的通信手段，在战场环境中可以发挥非常好的作用。

最重要的通信功能是号令部队迅速通过一片区域，以及传达邻藩军队的具有威胁性的任何调动消息。例如，武田信玄在甲斐国建设了一套复杂的烽火系统，他的死对头上杉谦信军的任何动作，都能迅速地被传送到武田信玄军的首府甲府城。

有专门的木塔用于燃放烽火。易燃材料装在桶里，点燃后，由一根长枢轴机械臂将它们抢到半空中。一旦威胁的性质和严重程度被传达出去，接下来就是通过跑步的信使、钟或者海螺号发布命令召集非全职的在乡武士和农民们。应召者需要去最近的城堡报到。

一支日本武士军在行军的过程中，会在前头派出斥候骑兵，以侦察并回报敌军的动向。有时进行侦察行动的是一支"侦察部队"。这种小部队会主动出击去擒获有职衔的敌军，以考验自己的勇气。参加这种行动的武士通常马术精良，而且作战英勇，他们的功勋会被记录到诸如《北条五代记》这样的军史物语中，从而出名。《北条五代记》甚至赞誉过战马的英勇，当时有两个北条氏的斥候骑兵意外地被敌军包围，差点儿就被俘虏，在胯下良马的帮助下才顺利脱险。

斥候骑兵在进行侦察并将情报回报给大名的过程

中，往往要冒巨大的个人风险。这种传递回来的情报有时采用口头形式，有时采用书面形式。在1597年日本侵略朝鲜的稷山之战期间，有一个斥候口头传递情报的极佳案例。当时前锋日军在稷山遭遇了大量的中国明朝军队，遂命令斥候骑兵赶紧回报主力部队，其他人则留下来与明军交战，拖延时间；事实上，作战发出的枪炮声比奔驰的骑兵更迅速地将情报传递了回去。值得一提的是，很多古代幸存下来的信件在末尾都包含这种官样的说法："具体情况将由信使向你传达。"信件中不透露关键的情报，是为了防止信件为敌人所截获。

在围城战期间，信件可以采用一种历史悠久的方式传达，就是在城头上把带着信件的箭射出去。在有关1638年的原城围城战的文献中，经常提到这种东西。信号箭有一个中空的胡萝卜头形的尖头，在飞到半空中时会发出啸声。在日本，传统上这种箭是用在作战的开始阶段的，被当作一种召唤神见证将要发生的英勇事迹的手段。在12世纪，信号箭变成了骑兵武士之间决斗的一种器具，但是到了战国时代，这种做法已经为众多火绳枪兵开枪齐射的作战方式所替代了。

信使在跟斥候骑兵同样级别的精英武士中选拔，还负责在友邻部队间传递信息，而不仅限于情报的收集。在烟雾弥漫、发生激战的战场上，要求他们的装束能够使他们被迅速地识别出来，因而他们往往穿着母衣斗篷。

战地医疗

在日本古代战场上，任何伤者都只能在战场上救治，因为没办法把他们疏散到后方去。一场战斗后，受伤严重的人所能指望的最好情况是——在得到少量的医护照顾后——从战事中撤到寺庙或者其他能得到一些护理的住所。轻伤者只能留在战友身边，在战场上慢慢康复。重伤的武士很可能会死在战场上，因为其要么得到的治疗非常简单，要么根本得不到救治——虽然在出征的征召名单中往往是包括医生的。

武士刀造成的砍伤曾经导致成千上万的武士死亡，原因仅仅是流血不止。较小的伤口可以用艾蒿叶（一种当时日本人已知的止血剂）来止血。治疗的其他方法还有针灸。美国东亚研究所的学者托马斯·康兰提及的一本14世纪日本医疗手册，对于腹部伤口治疗给出了如下建议："整理好里面带干粪便的肠子的位置，然后用桑树根线缝合伤口，再在受伤区域扑一些蒲黄。"伤者应该避免"发怒、大笑、思考、房事、活动、工作、酸的食物和清酒"。某种程度上，手册中认为在避免大笑方面，正在康复的武士应该不会有很多问题。非常有趣的是两个世纪后

最吓人的箭伤是脸上或咽喉上中箭，这不仅是因为这两类伤容易致命，还因为"治疗"的过程非常令人痛苦。图中，武士的脑袋被绑到了一棵树上，以免在治疗的过程中他无法忍受疼痛乱动，如果箭头有倒钩，医生（旁边没有医生的话就得让战友帮忙）就得用夹子把箭头拔出来。（版权归鱼鹰出版社的安格斯·麦克布莱德所有）

武士对马粪的利用。根据《叶隐闻书》的说法，武田家的大将甘利信忠曾遇到过一个受重伤后无法止血的武士，甘利信忠让这个武士喝红毛马的马粪汁止血。伤者很不愿意服用这种药，甘利信忠遂亲自喝下一些马粪汁给他做示范。

此外，只要在行军中遇到温泉，武士们只要有可能都会停下来取水，尤其是在交战之后，他们认为温泉水有助于伤口的愈合。武田信玄就因相信水有疗伤作用而闻名，在他的领地内他认为适宜的地方设置了很多温泉浴池。

食物

就像在家里一样，大米饭是战场上日本士兵的主要食物。当食物过于单一，武士们会尽可能地采用各种办法寻找其他食物作为营养补充。如果附近有溪流，他们会尝试抓鱼吃，或者可能的话，用储存的鱼和能方便找到的植物叶子或者蔬菜做鱼汤（通常很快就可以做好——如果用储存的干鲣鱼片）。随军的行李车上始终有各种腌制的蔬菜供应。

武士们一般认为猪肉、野猪肉和兔肉属于"能增强人精力"的食物，有助于他们增强战斗力。虽然日本武士大多数在名义上是佛教徒（因此在理论上属于素食者），但限制杀生吃肉的戒律经常被破坏。他们也很少反省这个问题。

在发生战事期间，武士们带着自己独有的速食食品和应急口粮。通常是事先加工过的、可以晾干的米饭。这种东西类似于现代社会的素食米饭（虽然需要稍微加工一下才能吃），装在口袋里，以备不时食用。这种东西非常硬，非常干，但确实可以填饱肚子。也可以加少量的水，煮一会儿做成速食米饭。

炊具也要随军携带，不过很多低等级的武士看上去只是在翻过来的头盔里做饭。像很多现代军队一样，在大部队吃早饭、午饭和晚饭或做其他类似事情的时候，会有一小队武士负责维持秩序。

营帐

在野外战地环境下，武士们必须学会利用他们能搭建或发现的任何住所。将军们或者领主们会强行征用寺庙作为他们的临时司令部，供自己和其他直属人员居住，而他们的卫兵、仆人和普通士兵则睡在建筑物周围、马厩、树下、农舍或露天里。

在日本的作战条件下，营帐所起的作用似乎并不很

1600年，德川家康与他的旗本武士们坐在本阵中，正在指挥关原之战。这幅特写画见于日本鸟取市渡边氏收藏的绘画屏风。在进行长期规划的战役时，军队会扩大阵幕的规模，将其强化为临时性的防御设施，在外围开挖沟渠、树立栅栏，类似于罗马人的兵营。

大。这可能是因为运输这类笨重的器材在日本的地理条件下非常困难，也可能是因为这个事实：在日本有大量的寺院和神庙——较之临时性的住所，寺庙随时可以提供更多的住宿空间。

本阵，也就是大本营，作为指挥中心始终是要搭建起来的。本阵通常由一圈环形分布的帐篷布（阵幕）围起来组成。在电影《影子武士》和《乱》中，我们可以清楚地看到这种帐篷营地的情形。将军将在周围有士兵把守的本阵眺望整个战场的局势。

军械的战地维护

为了减轻行李负重，武士在战役进行期间必须始终穿着盔甲。事实证明，对于漫长的夏季战役，这种做法令人十分不舒服，而且盔甲会变成虱子和其他寄生虫的老窝。为了消除这些害虫，有时就得把盔甲吊起来，在下面用没干透的植物生火，用冒出来的烟熏死害虫。

出征了一段日子，护甲会慢慢地出现磨损和撕裂（作战造成的损伤或者仅仅是因为长期暴露在外造成的），武士们发现自己必须利用能得到的空闲时间对盔甲进行保养和小的修复工作。在战场上，这些修理通常由武士本人来做；盔甲制作工匠从来都不随军转移。

有些穿甲胄的金属薄片的绳索断了，用绳子再把它们串起来，这是最简单的维修工作。给衣袖、胫甲和大腿部位的护甲打补丁，也是比较简单的事情。任何超过这些范围的修补工作可能就得交给专业人士来做。比如拆卸、安装甲胄上的漆器部件，以及可能涉及甲板本身的修理项目。在甲胄的损伤超过了前面这些小修小补能解决的程度时，低等级的武士通常会选择丢弃报废了的部件，换上替代品。在战场上，从敌人或者死人那儿获取这些东西会比较简单。高等级武士一般更愿意维修旧的盔甲，或者购买新的替代品，而不是在死尸中间充当战场清洁工的角色。出于这种考虑，很多武士家族都配有专门的盔甲维修人员，赋予那些在战场上备受摧残的盔甲二次生命。大战过后，这些手艺人往往会变得非常繁忙。

武士的负载

由于日本群岛多山的特性，四轮马车、手推车和其他轮式车辆实际上在城市以外的地区并不存在。结果运送供给品和作战装备的任务就落在了大量的驮马和武士们的身上。参战的武士必须携带很多除了自己配用的武器之外的东西。通常，他要携带自己吃的食物、穿的衣服、用的工具和药品，以及作为人力驮马为整个军队分

蒙古来袭

　　1274年，包括800艘船只、3万兵马的蒙古舰队在日本沿海登陆。九州沿海的第一个小岛很快被蒙古军所蹂躏。防守者惊讶于异国的战斗方式，不知所措。长期以来，日本人的作战方式都遵守特定的礼仪，限于武士之间，但蒙古人和他们的高丽雇佣兵则在所到之处肆意屠杀。按日本人接受的教育，他们当时习惯于单打独斗，类似级别的武士互相挑战，彼此厮杀，而侵略者结成大型军阵作战，采用的是完全不同的战术。求救信被手忙脚乱地送往当时日本实际掌权的镰仓幕府所在地镰仓城。

　　蒙古军很快抵达了九州，迫使防守者退入工事防守。但日本人孤注一掷的抵抗也着实令他们心惊；蒙古人本来寄希望于凭借突然袭击取胜，结果在这样的顽强抵抗下，不久就用尽了粮草弹药，陷入严重的供应短缺。蒙古舰队遂撤出了博多湾，想找一个更安全的港口（因为担心

受到敌军夜袭），可这时候天开始下雨。

就像是老天对祈祷者做了回应，海上刮起了猛烈的台风，对蒙古军的船只造成了严重的损坏；幕府军招来的援军根本没有机会跟敌人交战。船只彼此撞击，很多因此被摧毁，成千上万的蒙古军士兵被淹死在海里，也有一些船只搁浅在沙滩上，陆地上的士兵则被守候在岸上的日本武士逮个正着。极少量残破的船只硬撑着漂回了高丽，在高丽进行的统计显示，有13000人死于这一次侵略作战。

1281年，蒙古军再次进攻日本，目标仍指向同一个港口，而在此前一段时间里，镰仓幕府已经组织人力在海岸上修筑了一道非常庞大的防御墙。这次进攻日本的作战部队规模更加庞大，参战的舰队包括4000艘船，20万人。对于日本人来说，幸运的是，进攻军分成两部分，而过

图示为第一次蒙古来袭鸟饲潟之战期间，日本武士指挥官竹崎季长奋力控制住受伤的战马，率领部下冒着箭雨和炮火冲击蒙古人和高丽人军阵的场面。见于1293年的《蒙古来袭绘词》。（Wikimedia Commons/PD-US）

于急躁的南方军司令指挥着一支规模较小的舰队早到了大约一个月的时间。然而，进攻还是再次展开了。攻击者很快就开始惊讶于日本武士的抵抗意志之坚决。日军的抵抗如此坚决，以至于很多天以后，虽然舰队已经停泊在港口里，蒙古军始终无法让部队登陆。他们开始为疾病和食物短缺所苦。日本人正在绝望地玩一个他们无法决定胜负的等待游戏。

不久，蒙古军的大型北方舰队抵达了会师地点，防守的日本武士深知，他们无法再继续坚持多久了。8月15日，退位的日本上皇写了求其祖神太阳神天照大神干预的祈祷文，呈送到伊势大神宫。当天晚上，出现了一个奇迹。天空开始变暗，狂风骤起。蒙古人的舰船在暴风的裹挟下，纷纷冲向海岸的岩石，撞碎、沉没了。这就是日本人所谓的"神风"。天气一转好，残存的侵略军赶紧掉头返航；在此次狂风中，至少三分之二的蒙古军士兵丧失了他们的生命。

当时的蒙古大汗忽必烈本来还想组织第三次甚至规模更大的攻日作战，但可能是因为所需成本太高，第三次进攻并未真正实施过。感受到两次征日战争的沉重经济成本的，不仅仅是蒙古大汗；当时的日本北条氏幕府政府为组织抵抗蒙古入侵几乎快要破产了，北条氏幕府不仅要奖励参战的武士，还要赏赐寺庙和神社中为战争获胜做过祈祷的宗教界人士。

担供应的物资。

携带在战场上吃的应急口粮用的是一种长的细口袋。把一餐分量的、饭团子形式的做好的米饭，或者一天分量的糙米饭（这里说法有些矛盾，但可能不同情况都有采用，取决于作战的需要——虽然同样分量的糙米饭能支持更久的时间）放在口袋里，然后打结。接着再装一定的量，再打结。整袋应急口粮大约有10～15个饭团的分量。末端被扎紧后，可以将口袋挎在肩膀上背着走。

在武士的肩头，可能携带的东西还有一个稻草垫子卷。睡觉的时候，稻草垫子可以用来盖在身上，也有一些武士会把垫子垫在身底下睡。武士携带的第二个口袋，通常缠在腰上，装一些换穿的衣服或者其他一些武士可能需要的物品，比如打补丁的材料、几米用于战地快速盔甲维修的线、生火工具、纸笔、整理仪容工具等。其他的东西都挂在武士的腰间：部分竹节或者葫芦做成的水壶、晚近一些时代才有的用于火绳枪的备用的火绳、备用的弓弦，以及一些备用的草鞋。

如果是火绳枪兵，他可能还要在腰带里带一盒需要预装填的火绳枪弹丸。多余的弹丸也用小袋装着，挂在腰间。拴在武士胸甲上的肩部护板上有一个吊扣，火药瓶就吊在那里。每个火绳枪兵都要多备一些火绳随身携带（有时是四线轴，以满足在战场上连续若干天的

使用）。

如果是弓箭手，需要带一张弓，在右臀部处挂一个箭壶。箭壶放在右臀部的位置是因为拔日本箭时要抓住箭头下面的箭杆，把箭往上拔出箭壶。这跟使用欧洲弓箭的方法不同，欧洲的弓箭手是抓住箭羽部分，从肩膀位置拔箭。

战国时代武士军的主力是长矛手。相对于火枪兵和弓箭手的众多装备，长矛手只带一根长矛即可，不过，除了长矛，他们通常还需要承担一些东西的载荷。比如用肩扛的方式运送一只大炮用的火药箱。每只这种火药箱里都装了足够多门火炮保持连续数小时射击的火药。长矛手还可能扛一箱箭，用于给12名弓箭手或更多人提供补充弹药。所携带的其他东西包括用于发布信号的大战鼓、部队标准的或便携式的炊具。

不肩扛大箱子的武士会带一面有所属领主家徽的旗帜。这种旗帜有多种样式，其中有的采用羽毛装饰的大旗形式。有时，武士的一边袖甲或两边袖甲上会插一面或者

（左图）图示这名武士属于本田家族的一名家臣，披挂着战国时代末期已经非常流行的当世具足（现代盔甲）。他的头盔为桃形兜，上有两点火红色，而盔甲的其他大部分则为阴郁的色调。这名武士选择的武器是火绳枪，武士通常很少使用这种武器，但如果他能找到人帮他装弹和送枪，这个选择实际上也很完美。他随身带着竹水壶、火药瓶和弹丸包，以及睡觉的垫子和应急口粮包。（版权归鱼鹰出版社的安格斯·麦克布莱德所有）

两面更小的旗子，以区分武士所属的部队。

亲历战争

作战的前夜，对于武士来说，可能是比较孤独的。这些通常被人们当成超级战士的武士其实毕竟也是人，也会感到恐惧。在14世纪，曾有一个武士给他的妻子写信，告诉她说自己在战斗的前夕感到"如此孤独"。在这种时候，武士通常可以向自己选择的神祈祷，另外，避免房事或不吃鹿肉被认为有助于净化人的心灵。日本人认为鹿肉不利于精神的纯洁。也有武士采用其他方法克服自己的恐惧，比如直接喝醉。

开战当天破晓时分（在黎明时分发动攻击非常常见），武士们开始实施作战行动。如果当时的作战不是偷袭战，他们可能会惊讶地看到战场附近有很多围观的人群。1600年德川家康授命立花宗茂攻打大津城时，当地城镇的居民纷纷过来观战。三井寺旁边比睿山的山坡上，有一个超出流弹射程的绝佳观战位置，所以这些居民就带了野餐饭盒，待在那里跟看戏似的安心观赏战事。

一个新手武士首次参战意味着他进入了一个重要的人生阶段，他的整个生命和此前所受到的训练都是为此而做准备的。究竟是勇士还是懦夫，不能光看理论，还要在

源平合战时期跟随着武士佐佐木高纲和梶原景季这两个榜样，成百上千的源氏武士冲进宇治川河，与此同时，他们的战友则奋力冲过一座已经严重受损的桥梁。

收集人头

收集人头是日本武士的一种传统，其贯穿整个日本武士历史。例如，编年史书《山本丰久私记》在述及1614年、1615年大坂之战时记载道："那夜斩得23颗首级。第17天的黎明时分，24人为秀赖所召见……得到了黄金作为赏赐。"

武士在取得一场战斗的胜利后，会尽可能彻底地获取和展示这种恐怖的战利品，并把详细的情况记录下来。在理想的情况下，斩获的首级要送到大名的营帐，举行一个展示的仪式，大名坐在高座上，在其最亲近家臣的簇拥下，观看这一切。大名不希望看到鲜血淋漓的脑袋，所以要先对那些首级做仔细的清洁和护理，呈给大名检阅时首级的脸上要化妆，头发要梳理好。首级会依次安放在有倒钉的木托盘上，托盘上放有标签以供分别。

这种事情按照传统应该交由女人来完成。关于这一情况，有一份由一名武士的女儿御庵留下的罕见的见证记录。1600年关原之战期间，在大垣城，她不得不就在几个被收集来的首级旁边睡觉，经历非常吓人。当时城池正受到德川家康军的不断的猛烈攻击，按照她的描述，她承担了如下的工作：

> 我们给每颗头上加了一个标签，以免认错。然后，我们涂黑了每颗头的牙齿。为什么要这么做呢？很久以前，有一口黑牙齿是受人羡慕的，当时人们把拥有黑牙齿看成是身份高贵的标志。

（右图）画中的武士为远藤直经[1]，此人试图在1570年的姊川之战中刺杀织田信长。当时他伪装成友军武士，想用上前呈献被斩获的首级的方法接近织田信长。在其真正目的被发现后，他将首级朝织田信长抛去，随后力战而死。

[1] 别名"远藤仪右卫门政忠"。——译者注

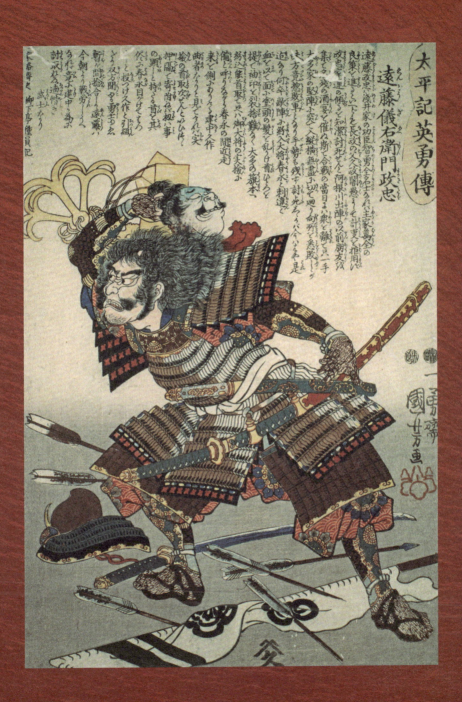

所以，我们得到命令，给每一颗牙齿雪白的头的牙齿涂上一层厚厚的黑染料。这些断头甚至不再能让我产生任何恐惧感。我很快就变得习惯于在这些血迹斑斑的臭死人脑袋中间睡觉。

正确地识别不同武士的头，并标记其姓名是非常重大的事情。从12世纪开始，情况发生了变化，这个时候开始对首级质量的要求超过了数量。到了战国时代，那些把别人放弃的尸体或者无名尸体斩首的武士会成为其他人嘲笑的对象，而普通足轻步兵的首级在战事激烈的情况下经常会被丢弃。

如果首级展示仪式的筹备时间有限，就把垫着浸透血迹的纸巾或一些树叶的首级放在打开的军配扇上展示。匆忙行事并不明智，不过有时获胜方的将军总是迫不及待地要庆祝一下，欣赏自己的胜利成果。在一个很有名的案例中，正是这种行为造成了胜负形势的逆转。1560年桶狭间合战期间，今川义元军本来军力占优。谁料想，作战间隙，今川义元在一条有林木的小山谷中休憩，忙于检视从占领的城寨中斩获的首级之时遭遇敌军突袭。首级没看多少时间，他就惊讶地看到织田信长带着人马冲了出来，随即就轮到自己被斩首。

不过，随着时代的发展，收集首级的传统最终不得不被放弃掉。1545年北条氏康准备夜袭以援救川越城时，下令禁止收集首级，以免武士分散作战的注意力。不那么严厉的做法是允许斩首，但在获得可靠的亲眼杀敌见证并被同意给予奖赏后，随后就得丢弃首级。收集首级会造成一些问题，一名武士在斩获了有价值的首级后，可能会放弃随后的战斗，这对于赢得最后的胜利并无好处。一个武士奋力去夺取首级，敌方的几个武士则为此努力阻止他，这种情况会使得战事变得一团糟。

首级展示可以推迟，等到战后更重大的场合再进行。这种做法有一个经典案例。1574年织田信长家的新年宴会上，亲近家臣献上了朝仓义景、浅井久政和浅井长政的头颅，使整个宴会达到了高潮。所有这些头颅都是在前一年获得的，此时已经被刷漆并用金箔包裹，做成了酒杯。

实践中检验。他可能端坐在马背上，周围有他的战友环绕，也可能手持长矛，站在地上。他的指挥官会对他进行调遣，在临近的某个地方，在那个飘扬着一面本军最大的旗帜的地方，有一个人，是他曾发誓效忠的大名。他过去曾经听到过很多有关他的祖先在这种情况下如何表现英勇的故事，此时此刻，他会怎样看待那些案例呢？他要如何释放内心中所承受的压力？他会斩得一个敌人的首级，还是今天就是他的死期？在他进入战阵时，占据心灵世界的主要意念，应该就是实现前一种情况的欲望。这是武士建立功勋的力量基础，许多传说轶事已经验证了这一点。对于特定的武士来说，这种一心想要赢得荣誉的心态，很容易导致战场上的自杀式冲锋行为，甚至受敌军所骗。1184年的第二次宇治川之战中，有两名武士纵马过河率先冲入敌阵，400年后还是有人乐此不疲。

在人群拥挤的战场上，很少有挥动武士刀的情况出现，日本式装甲提供了很好的防护效果，因此披挂盔甲的人被抡动的武士刀砍死的情况非常罕见，除非劈砍的力量非常大，直接将对方的头盔一分为二。在马上持刀搏斗也很不容易，在此种情况下，通常需要双手把持的太刀，必须用单手拿，但如果骑马武士的对手是步兵，或者骑士借助马匹的冲力发动攻击，持刀作战也是可行的。在这种过程中，武士刀所具有的弧度将会发生作用，这种弧度使得武士刀的极硬而且非常锋利的刃锋能够在瞬间以很小的接触面积接触敌人，以较大的压强切割进敌人的身体，在抡动的动量作用下持续切割，直到砍断敌人的骨头。历史记录显示，在遭遇多次武士刀砍伤后，仍有一些武士活了下来。有一个伤者在遭到13次劈砍后仍然活着，有一匹马在受到7次刀砍后仍然活着，不过这属于仅有的案例。

这一时期的屏风画和卷轴画显示，马背上的骑士更多使用长矛而不是武士刀。足轻往往被长矛洞穿身体而死，而敌对方的骑士则往往被长矛刺穿脖颈，跌落马鞍。在1561年第四次川中岛合战期间，武士竹俣庆纲被长矛的巨大力量撞下马来，以至于头盔都从头上掉了下来。在1570年的姊川之战期间，真柄直隆负责掩护朝仓军撤退，曾在马背上挥舞有着5英尺（1.524米）长锋刃的野太刀。1598年朝鲜蔚山围城战期间，武士冷泉元满把薙刀挥舞得像水车轮一样，杀死了至少15个中国明朝士兵。

战国时代所造成的喧嚣和动乱远远超过四个世纪前的源平合战。军队的规模变得更大，火器的引进愈发增强

（右图）这幅来自画屏的画面描绘了长久手之战期间的一个很不寻常的场面。一名武士正揪住一名被俘的敌军，把对方的手别到背后。这种俘敌行动通常只会发生在敌人级别较高时，在这种情况下，胜利方的大名事后会将敌人公开处死，以羞辱敌人。

了战争进行期间出现的刺耳的声音。火绳枪发出的烟雾以一种武士们的前辈不熟悉的方式模糊了他们的视线，使得他们难以按照传说中的方式寻找一个适当对手进行单打独斗。佩带个性独特的指物在某种程度上延缓了这种形势的发展，因而，在长篠城下，当一名织田军武士斩获一名带有明显个性化风格的旗帜指物的武田家家臣的首级时，他认为自己肯定杀掉了一个大人物。战事结束后，经辨认，被斩杀者为武田家大名武田胜赖的侄子望月信永。在朝鲜战事期间，高级别的中国或朝鲜军官由于跟普通士兵的盔甲不一样，看起来非常明显，成为武士寻求荣誉的主要目标。

围城战

围城战是最费劲的作战方式，无论从攻城者的角度还是守城者的角度来说，都是如此。要塞中的人因为不得不定量配给最小数量的食物而感到困窘。厌倦情绪也会削弱守军的士气。他们还会始终面临疾病和饥饿的困难。围城者要时刻提防被守城者"狙击"，还要防备被守城者的救兵攻击。不过，他们很少担心遭遇城内敌军的突袭，而且，也更容易搞到充足的食物。

1582年，丰臣秀吉围攻了毛利家族的要塞高松城。

16世纪60年代以后的战国时代城堡通常采用火绳枪和弓箭守御。图中所绘为1583年的某城堡，我们可以在城墙上炮眼里看到探出的火绳枪枪口。这幅绘画见于大阪城天守阁收藏的描绘贱岳之战场面的画屏。

与惯常的长期围城做法不同，丰臣秀吉下令在地势较低的高松城外修建了一座大约1英里（1.6千米）长的大坝，然后将河水引到大坝里积聚成湖。人工湖里的水位不断上升，倒灌进高松城内，很多沼泽里的动物和虫害都进入高松城里，城里的水井和物资都被咸水淹没了。毛利家的守城将军只好求和，当时织田信长恰好因部将叛变被迫自杀，丰臣秀吉没有办法争取更大的胜利，只好撤围，以免被毛利家趁机打得大败。

大多数围城战都采用更传统的方式。古代日本人从未学会如何制造有威力的大炮，尽管他们有少量的大炮，德川家康在1600年的关原之战期间曾经用过这些大炮（主要是起心理震慑作用）。由于缺少其他地区常见的炮兵，日本城堡发展出一种跟欧洲城堡不同的样式。

日本武士在围攻城堡或其他要塞时，通常会躲在木制的屏障或者竹排后面，通过上面的小缝朝防守者射击。守城者则通过防守要塞上的枪炮眼，用弓箭和火绳枪回射。对于攻城者来说，敌方城堡被引燃、驻防士兵投降（由于疾病、饥饿或其他类似的原因）、城里出了叛徒或城墙倒塌，都意味着胜利的到来。防守者依赖于外部援军的到来，或者对攻城部队造成了足够严重的伤害，迫使他们撤退。

防守者的状况在围城战中是极端困难的，可能就是因为这样，人们往往避免陷入围城战，宁愿进行野战。野战的结果是失利的一方撤到最近的要塞，结果造成一场围城战。很少有领主会把战争的胜负寄托于围城战，他们宁愿在野战中把握机会。在多数情况下（虽然也有例外），领主在退回自己的城堡时，都有做最后一次抵抗的计划，或至少会有这样的想法。柴田胜家和浅井长政是仅有的两个在城堡主楼里被烧死的领主。

松本城建于1596年，其城堡主楼和石砌地基至今仍保持完好，该城以"乌城"闻名，源于其漂亮的黑色外观设计风格。（LuxTonerre/Flickr）

第五章

城堡的守御

STRONGHOLDS
OF THE SAMURAI

公元1575年的长筱攻城战及其后续野战是日本武士史上具有划时代意义的重要事件。但一开始，这场如此重要的战役看上去并无特殊之处。其时，武田胜赖的大军气势汹汹地进入德川家康的领地——三河国，却为德川军击退。锋芒受挫的武田军转而围攻德川领地内一座固若金汤的小型城池——长筱城。战事足足进行了10天。如果考虑到该城采用的是传统的木石结构的城堡建筑样式，就战事本身的规模、强度和模式来说，长筱之战本来应该是经典样式的攻城战。城堡内的防御体系基本上是传统模式，只配备少量火绳枪手和一门大炮。攻城的一方也是循规蹈矩：起先乘竹筏顺流漂至护城河，随后一边在城下准备挖破城墙进城，一边向城堡守军猛发火箭，最后依然是城墙上的肉搏战。

恰在此时，德川的强援，日后注定要改写日本历史的大人物织田信长派军队赶到长筱城下。武田军一看敌人援军杀到，便放弃了攻城，转而和织田军进行野外对阵，日本历史上最为著名的长筱之战由此展开。在武田军中，杀伤力最大的也是最为著名的兵种便是骑兵。但是，当武田骑兵部队突袭敌阵时却发觉，不远处有三千多名火绳枪手正严阵以待。这批火绳枪手全都训练有素，组织周密，熟练掌握集体射击的技艺，而且在他们与武田军对阵的位置中间还建有一排松散的拦马栅栏。武田骑兵依旧发起迅猛的冲锋，直扑敌方阵地。结果，枪声大作以后，骑兵纷纷坠马，武田家的第一轮攻势就这样被轻易化解掉了。在骑兵们整顿兵马，准备进行第二次冲锋的短暂时间内，火绳枪手在长矛兵掩护下从容装弹、上膛、排好队列，做好向敌军骑兵再次开火的准备。当武田骑兵第三次冲锋仍被火绳枪兵击退时，织田信长军的武士和步兵纷纷冲出阵地同武田军展开肉搏。随后的战斗持续了几个小时，最后，遭受了大量伤亡的武田军撤出了战斗，从此不再在日本政治史和军事史上发挥影响力。

包括攻城战和野战在内的整场战役不过短短数小时，但就是如此微不足道的瞬间却成为日本武士战争史和政治史上的重大转折点。如果单就长筱攻城战而言，它同日本历史上成百上千次的其他攻城战并无不同之处。但几个小时后的那场野战却宣布了一场军事革命的来临。武田家曾依靠英勇无比的骑兵打赢了1573年的三方原之战。但当织田信长将有组织的火器攻击和简单防御工事结合到一处时，武田家的骑兵战法在这一全新的野战面前再无任何优势可言。在此战之后，古代日本的战争，尤其是在防守设施领域发生了翻天覆地的变化。战国时代临近尾声的时候，日本城堡文化寻找到了新的发展方向，它急于建立能同欧洲相媲美的城堡要塞，同时也逐步拥有了一套独特的建筑理念。日本在城堡设计方面，如同其精美的盔甲、武器一样，再一次为全世界树立了一个值得镜鉴的典范。

日本城堡的发展演化

以长筱城为典型的这类日本城堡在日本已经有很悠久的发展历史。日本的山水画卷内很难看到石头，往往充满了大量郁郁葱葱的成片的山间林木，这确实反映了日本列岛的自然状况。极其自然的，遍布树木和高地众多的地理特征决定了日本要塞的建筑风格。最初的日本城堡只是用木栅栏在山间围成的简易要塞，中间设有塔楼，木栅栏间建有大门。此外，还充分利用四周的高山——山的海拔和走势——为城堡设置了天然的防御工事，所有建造城池所需的木材均取自山中。如果出于形势需要，非得在平地上建立起一座城堡的话，武士们也有办法。那就是在城堡高处围起木栅栏，并在城堡外围再挖一道又深又宽的墙沟，以此种方式来弥补没有高山掩护的缺陷，不过这种平地起高楼的筑堡方式一般都被他们尽量避免。1331—

1336年，楠木正成正是依托山城顽强地瓦解了敌人的数次进攻，并巧妙地开展游击战，为后醍醐天皇立下汗马功劳。

这一建筑模式一直延续到战国时代。这一时代，大名们流行争权夺利，带领军队四处征讨，开拓疆土，所以每位大名所辖领地的边界往往就是其刚刚征服的土地，而为了保护领地免遭侵略，大名们广泛采用"山城"这一筑堡模式。当时的情况是，大名在中心地带的大本营修建"本所"，一系列网络模式的卫星城堡由此辐射出去，每个卫星城堡又拥有自己附属的更小的城堡，每个更小的附属城堡则拥有一些位于当地的小型警卫性哨所。这种城堡网络中通常还有一系列彼此处于可见范围内的烽火台作为联系。

但是，随着大名间的争夺日益激烈和战争形态的发展，没过多长时间，对于本所以及绝大部分卫星城堡来说，单纯依靠木栅栏作为城堡围墙抵御凶狠的进攻就显得有些捉襟见肘，而且栅栏围出来的区域也不够宽敞，容纳不下太多的守卫部队。于是，一项崭新的筑堡技术横空出世，武士们开始在城堡所在的山体上大做文章。位高权重的大名往往能够动员庞大的人力从事这类规模浩繁的工程，将城堡邻近的山体都修筑成相互连接、环环相扣的"山壁城堡"。具体来说，就是人们依照山势的自然走向

竹田城遗迹，该城堡系在1441年由太田垣光景主持修建，从图中可以看到山城居高临下的气势，以及由石头地基打造的坚实基础。该城在它的末代城主赤松广秀切腹自杀后被遗弃。（Norio Nakayama/Flickr）

因势利导，在山体上开拓出一个一层比一层高的梯田式平台。

工程结束后，便会矗立起一座雄健无比、结构复杂的天然高地，然后再在上面修建栅栏、塔楼、马厩、仓库、通道、桥梁、大门等设施，通常还会修建一座简陋粗糙的城堡主楼。除了加固城楼、塔楼外，还要对付因为掏空山坡而出现的水土流失的问题，整个修筑过程很少用到石料。随着时日推移，那些简陋的木栅栏和塔楼被更为坚固的抹灰篱笆墙所替代，墙面上涂抹着防火材料，为了防雨还在墙顶上铺设了瓦片。

等到长篠之战发生的时代，武士们发现，倘若在被挖掘的山坡侧面砌上紧密衔接的石壁，山城的根基便会更加牢固，山城高处完全可以建造起更大、更高、更重的防御建筑。倾斜的石壁的坡度必须计算得非常精确，使任何重物放在上面都会向外、向下跌落或滑下。

此外，石壁还可以分担山城建筑的部分重量，并在地震爆发时起到减震的作用。除山城外，石壁在平原之上的防御建筑中也发挥了这些作用。日本人平原上的防御高地根基侧面也砌上石壁，然后在镶石壁的高地上再修筑城堡主楼。时至今日，这种古老的城堡主楼已经成为遗存的日本军事建筑中最具文化吸引力的样式。想让长篠城到今天仍保留原貌是绝无可能的，现在残存的只有一座二层楼的木质建筑，有着传统的略微向上弯曲的山形屋顶。但是从某种意义上讲，长筱城堡能有今天这个样子已经是非常幸运的了。该城并未建在光秃秃的山上，而是以一处坚固的岩石带为根基，而岩石带正好位于两条河流交汇处，地势也就更为险要。巨石带两面的崖壁构成一个等腰三角形的两条边，第三条边则是人工构筑的城墙——由壕沟、土台和木栅栏构成的传统类型防御工事。

这一建筑在抵御外来进攻时显示出强大的威力：两面是难以攀登的悬崖峭壁，一面是稳稳占据深壕高台、众志成城的守军，因此武田军才会对该城一筹莫展，最后干脆在城外安营扎寨住了下来，采取拖延消耗的战术，准备等到长筱城弹尽粮绝、不战而降的那一天。但就在此时，形势突变。一位叫鸟居强右卫门的勇敢武士悄悄溜出城堡，向织田信长报信求救。织田信长闻讯后立即发兵来救援。织田军抵达战场后，并没有冒失地向武田军的后翼发起进攻。相反，他们在几公里外的一座低矮的山坡处停了下来。这里地势对他们来说较为有利：后面和左侧都是葱郁的树林，前面有一条小河，右侧是一条大河，再加上锐利的尖木桩和大规模的有组织的火绳枪兵，织田信长创造性地将这处荒无人烟的山脊变成了一座临时要塞。因此，长筱之战的胜利，可以说靠的不是精工细作的城堡高墙，而是在一夜之间营建的临时要塞和火枪。织田信长

图示为长筱城城址。今天我们在当地已经看不到多少昔日城堡的遗存，但图中所示两河汇聚处岩壁高耸的地形清楚地显示出昔日城堡易守难攻的形势。

的胜利表明，短时间内临时创造的某些东西在打仗的时候也可以发挥良效。

织田信长和安土城

今天人们看到的诸如姬路城和松本城等壮观优美的塔楼城堡是武士世界里历经战火洗礼的最美丽的幸存者。它们也是织田信长对军事建筑的另一种特殊贡献的直接衍生物。织田信长在防御战方面留下的遗产之一就是前文曾经提及的火绳枪兵护卫下的土台堡垒。此外，他还有另一项遗产必须予以提及。这位军事天才在长筱之战结束后不到一年的时间里，就向世界展示了与土台堡垒的风格完全相反的另外一种堡垒——塔楼城堡。这是一种有大型石墙围护的大型城堡主楼建筑。

1576年，一座结合了永久军事基地和宫殿两种功能的新型城堡首次出现在日本人眼前，这就是织田信长的安土城。这座城堡从几种方面展示出织田信长的强大力量。首先，在设计上，城堡建在小山上，整个山体用精心打磨的石料围砌起来。在挖山造城这门技术上，安土城可以说达到了登峰造极的地步。没有一丝一毫的泥土裸露在外，所有山基的外围都砌有坡度适宜的精美石壁；同时，石壁下面是一块巨大的岩床，地基十分稳固，这使得织田信长可以在石壁上面建起一座七层高的，内外精心雕饰的城堡主楼天守阁，它完美体现了织田信长所追求的那种无与伦比的宏伟和庄严。在天守阁的四周，分布有一些略小的塔楼。事实上，这些塔楼中的任何一座都足以成为一座普通城堡的主楼。安土城实在是太大了，里面可以容纳规模庞大的守卫部队，很少有大名有能力装备这种规模的部队，但是织田信长做到了。安土城的内墙上装置有无数枪架，以便数百名火绳枪兵可以迅速架设好武器，从窗户或塔楼的开口向外射击。塔楼的设计也非常巧妙，邻近地区即使起火，也不能烧到塔楼。

安土城自建成之日起就高枕无忧，从未被外敌攻打过，但最终还是难逃灰飞烟灭的厄运。1582年，织田信长在外征战时意外地被叛变的家臣逼迫自杀身亡。失去了主人和军队护卫的安土城被洗劫一空，最后被大火所烧毁。但其历史意义却不容忽视，该城在日本树立了一个杰出的建筑典范。自此以后，城堡建筑者们都意识到了规模的重要性。1583年，丰臣秀吉修建了大坂城（今作"大阪城"），主楼的规模也很大，城堡外的石墙长达20公里。1590年德川家康击败北条氏、攻克江户城后即着手对其进行扩建，最终将江户城建成全日本最为庞大的一座堡垒，也就是今天坐落在东京的天皇皇宫。

和所有其他现存的日本城堡一样，今天的大阪城早

重建的大阪城主楼的壮观景象，该塔楼于1583年为丰臣秀吉所下令建造，系模仿织田信长的安土城。（Joop/Flickr）

已风华不再。当年，城堡外围的防御工事曾延伸出非常远的距离，今天人们近距离参观的城堡主楼在当年从远处只能望见一角。也正因此，想从军事角度来评价这一城堡是非常困难的。同时这也提醒人们：日本城堡的基本的特征并不在于精美豪华的主城塔楼，而是用石块精心堆砌的坚固石墙。最早的塔楼城堡要追溯到16世纪70年代，而直到17世纪早期才出现了起拱卫作用的小塔楼群。而一些刻画战争事件的历史素材——比如画屏——还告诉人们，在日本国内的战争中，绝大部分经受住攻击而保留下来的建筑的结构要比那些宏伟的塔楼更为简单。举个例子，今天人们看到的姬路城的塔楼四周并没有那些坚固的石墙，塔楼看上去甚至有一种弱不禁风的感觉，但如果仔细观察，就会意识到它旁边肯定存在过坚固庞大的防御工事，敌方若想占领这座壮丽的塔楼，必然要经过一番浴血奋战，越过一道道险要的城墙。当然，时至今日，这些城墙和石砌的高台早已荡然无存，人们只能依靠想象把它们复归原位才可能从军事攻防的角度对整座城堡的军事性能做出一个恰当的、有意义的评估。

朝鲜的日本城堡

人们在日本所看到的留存至今的日式城堡，要么根本没有塔楼，要么有着里三层外三层的城墙。因此，要想了解日本战国末期攻城大战的场景是比较困难的，但在朝鲜却保留有当时日式城堡的很好的例子。1592—1598年的侵朝战争中，为保证日本本土和侵朝日军的联络，日本军队在朝鲜建立了一连串后来被叫作"倭城"的沿海城堡。虽然倭城里没有日式城堡上的那种塔楼，但那些城堡遗迹仍为我们提供了有关当时日本城堡建筑的诸多有用信息，并可借此和欧洲类似的城堡进行直接比较。

　　和中国、朝鲜逶迤于山脉间的长城不同，日式城堡需要对山体进行大规模的挖掘工作，最后造出传统的日式城堡的水平表面和精心设计的斜坡式的城墙（朝鲜城墙一般比较平直）。有些城堡必须在短时间内建成，往往就要从日本本土征调数以千计的劳力，漂洋过海加入成千上万的朝鲜战俘中，日夜不停地修筑。在朝鲜半岛东南海岸的蔚山，当中国明朝军队于1597年冬天进驻到那里时，日本人所建造的城堡的许多城墙和城门尚未完工。根据当时目击者的记录，许多被强迫劳动的日本和朝鲜劳力曾遭到日本侵略军指挥官野蛮残酷的惩罚。由于当时已经没有时间用石头精心垒筑防线，劳工们只好匆匆在前线搭建了泥土工事和木栅栏。一位史学家记述道，当时看起来好像第三道城防都已经筑好了似的，其实根本就是假象。中国军队发起进攻时，许多武士还待在那些尚未完工的城墙外面的

姬路城城堡主楼一瞥，日式城堡成熟阶段的绝好案例，从图中我们可以看到城堡内迷宫般的建筑、城门，以及访客要抵达城堡主楼必须经过的城堡外墙。（paranoidandroid/Flickr）

帐篷里呢。

可是，日本侵略军为什么放弃朝鲜式城堡，非要把自己的城堡建制不远万里地搬到朝鲜呢？原因在于，战争开始后，从釜山到平壤的朝鲜城堡都不堪一击，每次日军发动总攻之前，朝鲜人依托这些城堡的抵抗就已在火绳枪的密集火力下全线崩溃了。而那些建立在海岸边的倭城不仅海上视野极为广阔，而且修有精心守护的停泊码头，从那里可以安全抵达山后的城堡。顺天城堪称这方面的最佳范例，三面临海，坚固异常。除了山体被挖走，石头壁面有所添加外，至今仍然保存完好，整个地区景观和当年别无二致。

当中国军队向倭城发起进攻时，日本军队的防御体系发挥了很好的实战效果。大量火绳枪兵的交叉火力覆盖到了城楼简单而牢固的外墙上的任何角度，整个防御体系火力猛烈而有效。日本在朝鲜海岸的倭城在侵朝战争期间无一沦陷就是明证。泗州一战是很好的例子。泗州郡有两座城堡，一座是日军从朝鲜军队手中夺取的"老城"，另一座"新城"是建在"老城"东南方2英里（约3.2千米）外一处海角上的倭城。新城居高临下，日本船只可以在该处安全地停泊，送人员登陆。新城守将正是岛津义弘和他的儿子岛津忠恒。为了准备发起对泗州的进攻，中国军队一直深入到晋州，占领了日军的四个哨所。哨所被占后，年轻的岛津忠恒主张立即发兵出击，但遭到了父亲的阻拦。岛津义弘预计中国军队很快就会找上门来，而日本武士已经做好了在新城迎战的准备。

这一预测后来被证明是正确的。1598年10月30日清晨6时，中国明军集结了一支约3.6万人的军队向海角倭城发起了进攻。岛津父子二人在东门旁边的两座塔楼上密切注视着明军的一举一动。岛津义弘严令，未经他的许可，绝不许开火。但当两名日本士兵被明军的利箭射杀后，岛津忠恒坐不住了，要求主动出战迎敌，但被父亲严词喝止住。

当时，明军已经兵临城下，并开始用一种将攻城锤与火炮绑在一起的奇特攻城器械[1]猛攻城堡主门。在炮弹和铁锤轰击下，大门被砸得粉碎，数千名中国士兵一拥而上，开始攀城堡的围墙。"义弘大人目睹此景，下令立刻开火，"曾有评论家这样写道，"所有士兵同时向敌军猛烈开火，正在攀爬城墙的敌军士兵陆续倒下。"与此同时，日军设法引爆了捣毁城门的攻城锤和火炮，随着爆炸声响起，明军士兵倒下一片。根据岛津家族编年史的记述，明军的攻城器械是被日军管炮发射的火弹击毁的。[2]

---

[1] 参考中国方面的记载，应该为明军配备的大将军炮、虎蹲炮之类武器，古代日军较少使用大型火炮，所以不认识。——译者注

[2] 中国方面记载称系军营中火药失火爆炸造成士兵奔溃，死亡人数亦没有日军所述之多。——译者注

1597—1598年的蔚山围城战，实为日本侵朝战争中最激烈的战役之一。

我军发射的火弹正中敌方的火药罐，而火药罐位于敌阵的中央，因此，迸溅的火焰沿着一个火药罐蹿到另外一个火药罐，火药猛烈地爆炸起来，并引发了大火。当时，我们听见从敌阵中传来惊天动地的惨叫声和呼喊声，这些声音使得附近的敌军也变得惊慌失色，陷入恐慌之中。

这一惊心动魄的时刻是整场战事的转折点。岛津义弘见中国军队阵脚大乱，立刻率领麾下所部发起反冲锋。中国军队虽然损失不少士卒，却表现出惊人的组织性和纪律性，他们很快就退到附近的一座小山上重整旗鼓，随即向日军发起了凶猛的反攻。当时，日军的小股部队和大部队失去了联系，数量又只有明军的三分之一，寡不敌众。但是，驻扎在附近的岛津援军迅速赶到，明军被迫撤到对岸的晋州。泗州之战是中国军队此次朝鲜远征中经历的最大的一场败仗。在当年战斗发生的地点，伫立着一座巨大的坟冢，据说其中掩埋有三万多名战死明军士兵的遗体。当时，岛津军曾从尸体上割下鼻子当作"战利品"带回日本。这些"战利品"至今仍被埋在京都一个名

日本武士使用装着开水的长柄勺守城。

叫"耳冢"[1]的坟墓中。

日军在朝鲜的侵略活动最终还是以失败收场，野心勃勃的丰臣秀吉没等战争结束便一命呜呼，而坚固的倭城最后成为掩护日本武士仓皇败退的防御工事。如果当时的历史发展选择了另外一个方向，那么倭城或许会成为和欧洲人所布设的海岸要塞类似的扩张工具。欧洲人在蒙巴萨、马尼拉和哈瓦那等地建立了很多由军队和大炮守卫的堡垒，并将其作为向海外扩张殖民的重要据点。和欧洲人的命运不同，日本武士铩羽而归。当然，他们牢牢记住了挫败中国军队的成功经验，并将这种经验应用在国内战争的实践当中。城墙和火绳枪的组合发挥了重大作用，日本武士在长筱之战中学得的技能在朝鲜经受了严酷的考验，并最终证明是行之有效的防御战术。

从朝鲜返回日本后不到两年的时间，曾在海外并肩作战的大名们在关原之战时分裂为两大阵营。大兴土木、营建城堡的风气随之而来。加藤清正在蔚山攻防战中表现卓越，现在借鉴了蔚山之战的教训，苦心营建了熊本城，将自己的筑城经验融会其中。城堡建成后，不论是城墙还是塔楼都蔚为壮观。尤其值得一提的是，加藤在石墙后面栽了许多榛子树，用意在于一旦城堡遭到长期围

---

[1] "耳冢"的叫法源自日本学者林罗山，遂沿袭下来，显然正确的说法应该是"鼻冢"。——译者注

攻，这些树结的果实就能救命。此外，他还在城内开凿了许多眼水井。更令人称奇的是，加藤下令把塔楼里的榻榻米内全部装满蔬菜的干根茎，而不是稻草，按加藤的计划，这样在弹尽粮绝的时候，守城部队就可以靠吃榻榻米内储藏的蔬菜根茎支撑下去了！

　　侵朝战争之后的一段时间里，日本到处都可以见到和熊本城类似的城堡建筑。等到德川家康统一日本后，幕府下令各地大名除留一座城堡供居住外，领地上的其余城堡和要塞必须全部拆毁。最后被留下的城堡——许多留存至今——都是精品，在日式城堡从山城到军事宫殿的演进过程中，不论从建筑学角度还是从军事需要的角度来看，这些留存下来的城堡都是日式城堡的登峰造极之作。

菲利斯·贝托所拍摄的第一张日本武士照片。在这幅1867年的手工上色像上，有一个靠着长弓和一捆箭坐着的日本武士。（Felice Beato/ Hulton Archive/Getty Images）

第六章

最后的武士
THE LAST SAMURAI

在某种程度上，直到今时今日，我们在日本社会中仍能感觉到日本战国时代的影响，这些影响并不仅仅直接来自很久以前发生的那些战争，还来自德川幕府为了避免更多战争而采取的闭关锁国政策。在江户德川幕府时代的幕藩体制下，日本民族政府包括中央的幕府（幕府将军主导）和藩地方政府（管理大名领地）。

像德川幕府时代的其他方面一样，有很多规则统管着日本人日常生活的细节。大名的城堡变成了地方上行政管理的中心，许多得到重建或扩建。然而，随着地方邦国城堡的重建和再次发展，德川幕府发布了"一国一城令"，其中许多城堡因此被拆除。这造成了一个结果，今天我们见到的那些强大要塞从此变成了大名领地的中心，变得比此前的同类建筑更加具有影响力，样式也更精美。彦根城、姬路城、松本城等至今仍保存得非常完好。贸易在城堡所在的城镇繁荣起来，许多商人变得比武士还要富裕，因为除了为本地的领主提供服役，武士们不得经营其他行业。

进一步的政策包括派遣忠诚的大名监视远方的潜在叛乱者，此外，作为对这一政策的强化的后一部分，还对日本传统的以确保大名们行为不出轨为目标的人质制度进行了发展。当大名们住在自己的城堡里管理所属领地时，他们的妻子和孩子受命住在江户，生活在幕府将军的眼皮底下。这一策略在1638年岛原之乱爆发时显示出了明智之处。岛原之乱始于一场农民暴动，后来吸引了很多被剥夺土地的武士加入，而事件爆发时却没有任何一个大名级别的武士参与。这一制度完善到最后，要求大名周期性地去江户觐见将军。这造成了一个结果，日本的所有军队不得不花费他们大多数的时间和资源，从日本列岛的一头跑到另一头。

接下来的一个手段是完全推翻鼓励与外国贸易和去外国探险的政策，这种政策曾经影响了17世纪的头一个十年间的日本社会，导致了山田长政远航至中国台湾和暹罗（泰国）的冒险行动。而德川幕府时代的日本却更多地转向了内部世界。对欧洲人影响的恐惧导致了对于基督教的禁止，然后又禁止了对外贸易。只有中国和朝鲜是例外，但跟这两个国家的贸易也受到严格的控制。在长崎港出岛设置的一个极小的贸易点，可与荷兰新教徒（受到信任，不会传播来自耶稣会的信息）进行有限的交往。除此之外，日本关闭了所有朝向外部世界的大门。之所以要实

1852—1854年，马修·培理将军率美国舰队远航至日本。培理所指挥的舰队包括一队四艘蒸汽护卫舰，驶入京都浦贺港。日本人被迫同意对美通使通商，对于很多日本人来说，美国的"黑船来袭"象征着西方科技和殖民主义对日本的威胁。（Ann Ronan Pictures/Print Collector/Getty Images）

施这些政策，是因为德川幕府担心日本重回黑暗的战国时代。随后是两个世纪的和平时代，从中发展而来的现代日本，已经变得跟我们前面曾经了解过的进行过一个半世纪战争的日本非常不同。

1853年7月，当四艘美国护卫舰驶入浦贺港，进入江户湾时，日本的闭关锁国政策走到了尽头。这些军舰由马修·培理海军准将率领，其给幕府将军带来一封米勒德·菲尔莫尔总统的信，来信要求日本跟美国签署一个友好协约，双方通好。这是日本历史上的一个关键性时刻。15年后，幕府将军被废除，天皇恢复了权力，日本进入现代世界。

这一重大历史事件被称为明治维新。在日本的通俗风情画中，明治时代被描绘成从前的武士戴着高帽，陪穿着带欧式裙撑的裙子的妻子，参观奔驰而过的蒸汽列车的模样。尽管明治维新通常被描绘成和平的过渡，但围绕明治维新发生的很多冲突事件的严重程度，并不亚于战国时代爆发的某些重大事件。

1860年，井伊直弼在江户街头被拉出轿子，被一群希望废除幕府将军，反幕府而且反西方的暴乱分子砍杀。在幕府与诸如美国这样的在1854年以后试图跟日本建立贸易关系的国家进行外交谈判时，此人曾紧密地牵涉其中。在这方面，事实证明，德川幕府是非常有远见的，但这并不为他们的敌人所喜，他们的敌人希望赶走所有"夷狄"——这些日本人这样称呼外来的西方入侵者。而井伊直弼坚信，日本应该向外部世界开放国门。

井伊直弼身死的这一年，幕府的行动非常谨慎。幕府官员对于批评非常敏感，他们不相信外国人，同时完全意识到那些只想让幕府将军从历史舞台上消失的狂热分子的威胁。有很多问题需要确定：这个国家应该对外开放还是相反？现有的条约对日本是公平的吗？考虑到外国人明显的军事优势，能否对他们进行有效的抵制？

长州藩的狂热分子

不久，保皇派喊出了"尊王攘夷"的口号，极端狂热分子在京都也占据了优势地位。幕府将军面临着重压：必须设定一个驱逐外国人的明确的时间表，来安抚民心。长州藩的代表在驱除西方势力这一点上的立场极为强硬，他们甚至写信给天皇朝廷，要求尽快确定攘夷日程，以便长州藩尽早准备行动；他们明确表示，如果幕府将军不愿驱逐外国人，就应请天皇陛下本人亲自出面率军征讨。面对重重压力和纷乱的局面，幕府举棋不定，从而导致了其他藩的效仿行为。

长州藩在京都占据优势地位，该藩的态度极大地影响了其他藩的态度。许多藩因此在攘夷问题上倒向了长州藩一边，但对长州藩怨气太重可能引发的大祸深感恐惧。犹豫不决中，会津藩的松平容保成为关键人物。1863年秋，会津藩和另一强藩萨摩藩联手，突然发动了反对长州藩的政变。

这次事件后，长州藩在朝廷的势力遭到严重削弱，而在长州藩内，情况则变得更为糟糕。有一天，外国舰船驶经下之关海峡[1]时遭到当地保皇派的袭击。作为报复，英、法、荷、美四国组成的联合舰队对长州藩沿海一带进行了狂轰滥炸。不到一天的时间，长州的城堡陆续被摧毁，守军则被登陆的外国军队打得落花流水。对将军来说，征讨长州藩的机会终于来临了。1864年年末，幕府派出15万武士驻守长州边界，准备攻打长州藩。松平容保最初曾被选定统率这支征讨大军，但幕府考虑到松平在京都的作用实在过于重大，要想保证京都无事，松平一刻都不能离开。这次征讨以幕府获胜告终，幕府大军带着长州藩领袖的首级浩浩荡荡地得胜回师。

---

[1] 下之关海峡：位于本州岛和九州岛之间的海峡。旧名马关海峡、下之关海峡，现名为关门海峡。——译者注

明治维新

但是，如果幕府就此认为长州藩问题已经解决，天下太平指日可待的话，他们就犯了严重的错误。在一场争权夺利的藩内混战之后，长州藩新的统治者们浮出水面。令幕府失望的是，新的统治阶层的狂热和激进程度比其发动叛乱对抗幕府的前辈们可谓有过之而无不及。与此同时，支持1863年驱逐长州藩势力的萨摩藩则抱怨自己在攻打长州藩的政治斗争中没有获得足够的好处，一怒之下退出了京都联盟，转而与长州藩签订了一项秘密协议。在一系列激烈斗争和政治力量分化重组之后，天皇的革新最终成为可能。1868年1月，萨摩、长州和其他藩属的盟友发动政变，攻占了京都御所，宣布天皇亲政，成立了明治政府。明治政府成立后所做的第一件事情，就是剥夺将军的封地，废除幕府及其一切管理体制。

尽管末代幕府将军德川庆喜已经隐退到一座庙里，以等待命运对自己的审判，但在日本北部仍然存在着相当大的支持德川家的势力，他们的主力是以松平容保为藩主的会津藩。随后发生了一些以会津若松城围城战等戏剧性事件为高潮的战役，反政府者在这些战役中被彻底打垮了。在若松城战事期间，一队十六七岁的会津少年在与数量庞大的政府军的摩擦中逃脱后，因看到若松城上起火，误以

明治天皇像，绘制时间大约为1904年。（华盛顿国会图书馆）

为城堡塔楼已经失守。在这种情况下，按照传统的武士做法，他们选择了自杀——有些人写了诗，有些人为他们的朋友担任介错——所有人都切腹自尽了，而且是在城堡上的人的可见范围内。若松城的守卫者，包括不同年龄和不同社会阶层的男人和女人，进行了勇敢的防御战，但在一个月的围城战之后，若松城最终还是陷落了。

作为残酷的惩罚手段，明治政府废除了会津藩，在接下来的一年又将幸存下来的会津武士关押进监狱。他们后来被流放到边远而不适合居住的青森县三角洲地带，结局凄惨。会津武士的抵抗可说是日本武士英雄主义最后的回光返照。

改革继续推进，在接下来的若干年间，税收改革和土地征收实际上废除了武士阶级。1873年，新政府发布了兵役法，要求年满21周岁的成年男性服四年兵役和三年预备役。这从根本上动摇了武士的地位，因为他们曾经是唯一拥有特权，可以自由携带武器的阶层。此外，武士也不再被允许在外出时携带曾经是他们身份和地位标志的武士刀。

明治维新所实施的改革措施跟那些曾经激烈反对德川幕府与外国交往的维新缔造者所认同的传统和孤立主义大相径庭。这其中，对武士阶级的废除无疑是对他们最大的打击，难怪1876年对武士带刀权利的废除，导致了从前武士中的狂热分子的一系列激进行动。接连几年，日本各地不断出现叛乱和违法事件，但都被日本新征募的军队迅速而高效地镇压下去了。

西南战争

很快，在1877年年初，更大规模的叛乱发生了。这是一场比此前被镇压下去的同类事件规模更大、性质更严重的暴乱。领导者是当时日本最著名的将军西乡隆盛，出身于日本最强大的武士家族。这一战乱在日本历史上被称为"西南战争"。在西方历史学家那里，则往往被称为"萨摩藩叛乱"。

要想深入了解萨摩藩叛乱的起因，有必要回顾一下明治天皇恢复权力后的最初几年里，萨摩藩都经历了些什么。由于在改革路线上和西化派意见不合，西乡隆盛于1873年10月辞官，返回自己的老家萨摩藩。他建立了一系列机构，这些机构被委婉地称为"私立学校"。当时在萨摩藩大约有120所这样的学校。但教授的课程清清楚楚地表明，其实质是训练萨摩军队的军事院校。想进入这些学校的申请者必须写血书发誓至死效忠学校。毫无疑问，东京的明治政府得知这一情况后非常忧虑，西乡隆盛到底想干什么？萨摩藩在明治政权建立初期功勋卓著，其军事实力极为强大，在鹿儿岛配备有相当数量的武器和军火。当然，这一切当时已属于天皇政府所有。但随着私立学校的不断壮大，东京当局决定将鹿儿岛上的所有兵工厂迁到大阪，以便就近监督。

1877年1月30日夜，一只政府船只被密派到鹿儿岛查抄武器装备，但不慎暴露了行踪，船员被1000余名萨摩军事院校的学生包围，学生们打散了船员，将兵工厂据为己有。1877年2月13日，私立学校的萨摩战士干脆被编成作战部队，以备不测。这样，萨摩藩拥有了自己的军队。一名欧洲记者这样描写观察到的西乡隆盛的军队：

> 西乡的部分士兵配备着步枪。大多数人都配有封建时代使用的双手握持的武士刀，同时随身携带着匕首和长矛。他们认为，真正的武士能够迅速冲锋并轻易击败草民，即使后者装备着步枪和刺刀。据说，精明的西乡禁止士兵杀害政府军中的平头百姓，但是要把他们的双腿完全砍废，这样受伤的士兵在撤出战场时就要拖累两名身体健康的战友帮忙才行——这样就相当于一下子除掉了对方三名士兵。

这段描写无疑有很多夸张之处。西乡隆盛并不是这

切腹的20名白虎队少年，其中11人17岁，9人16岁。他们有充足的时间按照古典的日本武士的方式完成切腹，远景中会津陷落的景象（实为误会）增强了场面的悲剧气氛。

白雪皑皑的会津若松城。1868年，这里曾发生过日本历史上最后一次也是最激烈的城堡攻防战。

样的极端保守主义者，以至于会相信武士刀和勇敢无畏就是一支现代化军队所需要的全部武器。武士刀确实是一种西乡军的通用武器，但除此之外，他们也同时拥有土乃得步枪、恩菲尔德式步枪、卡宾枪、手枪和大约每人100发的弹药。

西乡隆盛发动战争

1877年2月15日，正值隆冬时节，大雪纷飞。西乡的先遣部队从鹿儿岛向北方进发。在武士们看来，雪往往带有某种特别的含义，因为闻名天下的四十七浪人就是在这样的雪夜实施了惊人的复仇计划。西乡隆盛对12岁的儿子嘱咐了一番，就像古代的英雄武士楠木正成一样，又一次在日本历史上留下令人心灵震颤的回响。耳边也回响着类似的声音，西乡的萨摩军人们向他们的第一个目标——熊本城——出发了。

前面曾提到过加藤清正，正是他将自己在侵朝战争中摸索出来的经验全部运用到了熊本城的建设中。明治政府在开始接管各大名的军队时，在日本各地建立了多个管理军队的司令部，其中九州地区的司令部设在熊本，这就印证了加藤清正对熊本重要性的认识。熊本城是西乡隆盛率军穿越九州，最终到达东京的唯一主要障碍。过了熊

图示为挂轴画中的西乡隆盛像，从中可以看出西乡魁梧的身姿，西乡不仅野心勃勃，在体格方面也很健硕。

本，就是通往具有战略意义的长崎港的大道了。这条大道能够为西乡提供进行海上交通运输的出路，帮助他控制整个九州地区。

西乡隆盛盼望着驻守在熊本的军队可以让他顺利或者至少不那么费力地通过九州。他知道驻守部队中有很多人是前一年兴起的激进的"神风连"的武士成员。根据一些西方人的描述，神风连由170人组成，他们头戴虫状头盔，身披铁甲，手拿刀矛，曾在黑夜发起针对政府军的突袭，超过300名政府军士兵在睡梦中被他们的武士刀所砍杀。后来，由于寡不敌众，他们且战且退到一座山上。在那里，有部分人切腹自尽，其余人则继续与政府军展开搏斗，但最后不是战死就是被降服。

怀着这样先入为主的想法，萨摩藩的先锋部队从鹿儿岛出发，冒着大雪严寒，用四天时间跋涉了170公里路程，于2月19日到达了川尻——距离熊本南部很近的一个地方。由于被政府军堵住了去路，萨摩军停止了前进，在那里建立了一个指挥基地。东京政府也没有闲着，载有援军的蒸汽轮船不断在其命令下向博多和长崎驶去。驻守熊本的政府军在川尻挡住了西乡先遣部队的去路，并向他们开火。就这样，"萨摩藩叛乱"的第一枪于2月21日下午1时15分打响了。政府军很快就被击溃，并撤到了熊本的庇护所——熊本城堡内，围在城墙外的则是人数为政府军3

倍的萨摩军队。一位曾经在熊本司令部服役过的西乡的部下提议向躲在里面的政府军发起全力猛攻，而西乡隆盛却有更加周密的行动计划。他让2500名士兵从东南方向进行正面攻击，3000名士兵从后侧包抄，3400名士兵作为预备力量，其余士兵负责监视来增援的政府军的行动。

熊本围城战

指挥熊本城驻防军的是谷干城将军。浪漫传奇故事总是把西乡隆盛描绘成"最后的武士"形象，而对这个循规蹈矩的西方化的军人往往着墨不多。但勇敢的谷干城实际上应该得到比传统说法更高的评价。在他的手下有3800名驻防兵。谷干城将军知道日本的命运在此时系于他一人，他必须在熊本城挡住西乡隆盛，直到政府军的援兵来到。

谷干城缺乏敌军的情报，而且前一年的驻防军在自杀性攻击面前的丢人表现也使得驻防军士兵的士气不振。还有，谷干城的很多军官都是萨摩人，他不知道城里的这些人在战场上看到自己的乡亲时会如何表现。

这并不是说谷干城将军在当时就对西乡大军的来袭毫无准备。刚得知西乡的企图时，他就开始用秘密储备大量军火、竹篱和地雷的方式来强化城堡的防卫。同时，他还为在自杀性袭击中遇难的士兵举办了一场大型纪念活动，希望引起当地居民对政府驻军所做的努力的注意。

2月19日早上，正当叛军逼近城堡时，城内的一间仓库突然失火，几乎烧毁了所有军队储备的粮食。火灾迅速扩大，而且不久就威胁到了城堡的储备军火库。幸运的是被烧毁的仓库没有向军火库的方向倒塌，从而避免了可能的爆炸。在这一事件中，不仅宝贵的军火得以保存下来，同时，患难与共的救灾行动也使得驻防军的军官和士兵更加紧密地团结在一起。接下来的几天中，城堡驻军从熊本疯狂地购买一切可以买到的食物。2月20日，一支由600人组成的警察部队作为援军到达熊本城。在终于赢得了当地民众的支持后，为了保证城头上能有开阔的作战视野，谷干城极不情愿地下令拆除了几百间当地民房。他还下令开闸，在护城河中注满水。至此，熊本城慌里慌张地做好了抵抗叛乱袭击的准备。

一封射入熊本城内，规劝驻军投降的古雅“箭信”，宣布了西乡对熊本城第一波进攻的开始。信中写道：“我们对那些被迫留在城堡中的人深表同情。对于立刻扔掉武器，向我们投降的人，我们将饶恕他。”然而，劝降信没有得到任何回应。在2月22日最初的几小时里，萨摩军的先遣部队从东南方开始了对熊本城堡的进攻。时间一分一秒地过去，战斗围绕着外城墙不断展开，四面八方都可听到枪炮声。按下来的两天，该城遭到了更猛烈的攻击。敢死小分队的萨摩武士手持先祖的武士刀纷纷爬上城墙，但都被城上的征募军士兵一一击落城下。由于谷干城所部将士坚守阵地，直到2月24日，西乡军的攻城行动始终没有取得任何实质性的进展。此后，西乡隆盛重新组织了手下的军队，从5000人组成的军队中抽出2000人撤往北部，等待迎击前来熊本增援的政府军。

攻城战逐渐变成消耗战，双方的伤亡人数都在不断增加。西乡现在被迫向三个方面发起进攻：熊本城堡、南方的帝制支持者和即将到来的北方的政府援军。为了支援步兵对城墙的进攻行动，西乡在熊本城四周的山上建立了炮兵据点，以便对城堡展开炮轰。而与此同时，城堡内的驻军与外部军队取得联系的努力则屡遭失败。两天后，城堡的前任狱监[1]宍户正辉装扮成木匠，设法溜出包围圈，联络上了政府军。这位前任狱监带回来的政府军援兵正在赶往熊本的途中的消息极大地鼓舞了城堡守军。至今，在熊本城堡中曾经拥有过纪念塑像的仅有的两人，就是谷将军和宍户。[2]

截至3月1日，城内的粮食储备只够再支撑19天；此

---

[1] 英文写作"former superintendent"，此处可能有误，查宍户正辉当时的官职为熊本镇台的会计部囚狱课狱监。——译者注

[2] 此处说法可能有误。查有关资料，当时先后被派出城的政府军人员包含宍户正辉、谷村计介和古城贞三人，其中谷村完成使命数日后战死。谷村计介铜像位于熊本城天守阁入口处。——译者注

外，军火储备也非常有限，以至于士兵们不得不冒险挖掘那些未被引爆的萨摩军发射过来的炮弹，再把它们回敬给围攻者。围攻仍在继续，萨摩军步步逼近，在彼此工事中据守的士兵们，甚至都可以听到对方军人的叫骂和戏谑声。正如内战中常见到的那样，战场上常有父子、兄弟间相互搏杀的情况出现。

日复一日，城内的粮食储备变得越来越少，新鲜蔬菜也很快就吃完了。士兵们每天只能吃两顿米饭或面，而非作战人员只能喝粥。为了捕鱼吃，熊本守军把护城河里的水几乎排光，只留下很少的水量。这样做无疑给攻城一方带来极大的方便，不过在当时已顾不上那么多了。有马匹战死成为让大家欢欣鼓舞的事，因为马肉可以用作果腹之物。不过，由于采用配给制，城内的粮食储备支撑的时间比预想的要长很多。

4月7日，奥保巩少佐奉命带领一支特遣部队冲出城堡，与位于川尻南边的政府军会合。这次突围几乎就是鱼死网破的绝望行动，因为人们甚至都抱着这样的想法——如果这些人牺牲了，至少能够少几张嘴吃饭。然而，这次行动获得了奇迹般的成功。奥保巩成功地取得了一些供给，并使得通往熊本城的道路保持了一段时间的通畅，城堡中的驻军正是通过这条通道搞到了100支步枪、3000发子弹及几百袋大米。尽管萨摩军士兵后来切断了这条供给通道，但奥保巩再次突破封锁，与川尻的政府军胜利会合。

到4月中旬，熊本包围圈外围的政府军的援兵积聚得越来越多，但西乡的卓越指挥才能使得他们一直无法突破西乡军的防线。同时，来自南方的萨摩军像时针一样不断持续紧逼，他们获得的命令是尽快占据绿河北岸的有利位置，并死守在那里。这时如果不是政府援军中一位叫山川的中佐，熊本城里的驻军恐怕一时还不知道他们已经脱离苦海。山川的举动后来让其他人意识到武士精神不是坐视死亡，而是要奋起抗击。与中途因各种原因停下的其他人不同，山川始终不停地朝熊本城方向冲击，大约在下午4点，他出现在城门前，以一个人的到来，见证了熊本城的解围。

一个天皇军士兵出现在熊本城城门口。守军所有的射击都停下来了，以便确认来者究竟是谁。城堡中的人很快就意识到，痛苦的折磨终于结束了。

象征性的落幕

熊本城堡的解围是"萨摩藩叛乱"的转折点，政府军现在毫不惧怕西乡的军队了。1877年4月至9月，战争范围缩小为九州南部的小型战事。熊本围城战的战事一结束，政府军就把力量集中在了夺取鹿儿岛县上。此时，西

月冈芳年笔下的熊本城之战。（www.lacma.org）

乡隆盛已经率领少得可怜的追随者设法突破政府军的封锁线，回到了鹿儿岛。

西乡带领着大约几百名士兵驻守在城山上的一处地方，那里曾经是萨摩的大名岛津家族从前的城堡所在地。三万政府军慢慢地包围了他们。据说，西乡隆盛当时早已做好了战死或者自杀的准备，决战前夜，西乡和战友们最后一次聚会，他像旧时武士那样，和着萨摩琵琶演奏的乐曲，跳起古老的剑舞，随后又写下了这样的诗句：

> 我生如朝露，
> 栖止一叶间。
> 而今苍茫世，
> 无处可容身。[1]

然后，他与军官们共饮清酒，并为政府军在第二天清晨四点发起的进攻做好反击准备。次日，在政府军密集的炮火中，西乡率领残部向山下冲去。但很快，他的腹股沟中了一枪。部下别府晋介冒着炮火将他背下山去，直至到达一处西乡认为适合实施切腹的地方才停了下来。这个地方曾经是岛津家官邸的大门入口，西乡面向天皇皇宫的方向躬下腰身，然后切腹，别府晋介为他执行了介错。在

---

[1] 此诗为译者据英文汉译，日文汉诗原作未能查到。——译者注

安放好西乡的首级后，别府晋介与其他同伴一起向山下冲去，最终倒在了炮火之中。

直到20世纪30年代，萨摩藩叛乱是现代日本社会最后一次有组织的用武力反抗政府的起义。它也是最后一场武士之战。西乡隆盛的去世同时也宣告有组织的反抗明治政府革新的军事行动的结束。日本最后一支武士军队向一伙"农民征募军"发起的挑战以失败告终。在这场战役中，双方都损失惨重。超过6万名政府军参与镇压萨摩藩叛乱，其中7000人死于战场，9000人受伤。而在3万名叛军中，只有少数人最终幸存下来。这种胜利多少有些戏剧性。前文曾经提到过的那位西方战地记者在亲历政府军离开东京的场景后曾这样写道：

> 据称，政府军中很大一部分是由平民组成的，或者说是由普通人组成的，是不可能对抗萨摩藩武士的——因为一个武士在战场上的威力相当于五个平民。军队在南行路过东京时，沿途的人们都对这支平民军抱有深深的同情，因为大家一致认定他们与西乡隆盛的大军的关系，形同鱼肉与刀俎。

诸如上述想法最终被证明是错误的。这对于武士阶

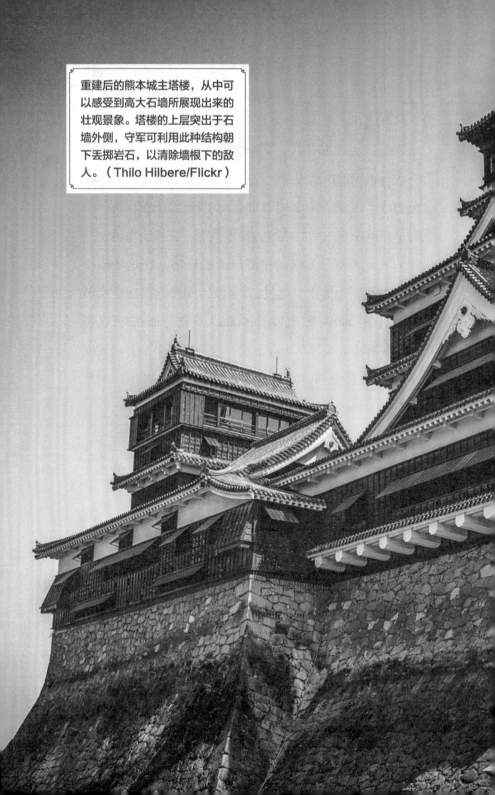

重建后的熊本城主塔楼，从中可以感受到高大石墙所展现出来的壮观景象。塔楼的上层突出于石墙外侧，守军可利用此种结构朝下丢掷岩石，以清除墙根下的敌人。（Thilo Hilbere/Flickr）

宇土橹塔楼，熊本城保留至今的建筑物之一。从图中可以看到城堡石墙令人胆战心惊的高度和城墙上用于投掷岩石的开口。

层来说，是一种致命的打击。认为只有武士才能打仗的这种想法被埋葬在熊本城的围墙下，而西乡隆盛在城山的切腹自杀更加确认了这一事实。至于熊本城，尽管在战斗中遭受了极大的损坏，但加藤清正的在天之灵如能看到地面上所发生的这一切，也一定会感欣慰的。因为熊本城宏伟的石基在现代火炮的强大威力下，依然坚如磐石；他挖掘的水井让熊本城从未遭遇水荒；他亲手建造的城墙在经历了他所熟悉的挥舞的武士刀锋的考验后，也被证明不愧是坚固的防御设施。加藤清正曾经梦想拥有一座无法攻克的城堡。在经历过他所不知道和不理解的敌人的考验后，熊本城证明了自己。除了武士刀，这些敌人还装备着步枪、现代火炮，但熊本城在这一场针对日本城堡的最后一次围城战中，面对着那样一群兼具武士精神和现代技术的优势敌军，依旧傲然挺立。

骑马作战的武士。见于江户幕府时代土佐画派所绘制的表现12世纪源平合战的屏风画。（DeAgostini/Getty Images）